MARCO POLO

USEDOM

Di…
E…
S…

W0231280

Fünf Symbole sollen Ihnen die Orientierung in diesem Führer erleichtern:

★ *für Marco Polo Tips – die besten in jeder Kategorie*

für alle Objekte, bei denen Sie auch eine schöne Aussicht haben

für Plätze, wo Sie bestimmt viele Einheimische treffen

für Treffpunkte für junge Leute

(106/A1)
Seitenzahlen und Koordinaten für den Reiseatlas Usedom
(U/A1) *Koordinaten für die Übersichtskarte im vorderen Umschlag*
(O) *außerhalb des Kartenausschnitts*

Diesen Führer schrieb Bernd Wurlitzer. Er ist seit mehr als zwanzig Jahren als freier Reisejournalist im Osten Deutschlands tätig, Autor weiterer MARCO POLO Bände und kennt Usedom seit seiner Kindheit.

Die Marco Polo Reihe wird herausgegeben von Ferdinand Ranft.

Die aktuellsten Insider-Tips finden Sie im Internet unter http://www.marco-polo.de

MAIRS GEOGRAPHISCHER VERLAG

MARCO POLO

Für Ihre nächste Reise gibt es folgende Titel dieser Reihe:

Ägypten • Alaska • Algarve • Allgäu • Amrum/Föhr • Amsterdam • Andalusien • Antarktis • Argentinien/Buenos Aires • Athen • Australien • Azoren • Bahamas • Bali/Lombok • Baltikum • Bangkok • Barbados • Barcelona • Bayerischer Wald • Berlin • Berner Oberland • Bodensee • Bornholm • Brasilien/Rio • Bretagne • Brüssel • Budapest • Bulgarien • Burgenland • Burgund • Capri • Chalkidiki • Chiemgau/Berchtesgaden • China • Costa Blanca • Costa Brava • Costa del Sol/Granada • Costa Rica • Côte d'Azur • Dalmatinische Küste • Dänemark • Disneyland Paris • Dolomiten • Dominikanische Republik • Dresden • Dubai/Emirate/Oman • Düsseldorf • Ecuador/Galapagos • Eifel • Elba • Elsaß • England • Erzgebirge/Vogtland • Feuerland/Patagonien • Finnland • Flandern • Florenz • Florida • Franken • Frankfurt • Frankreich • Französische Atlantikküste • Fuerteventura • Galicien/Nordwest-Spanien • Gardasee • Golf von Neapel • Gran Canaria • Griechenland • Griechische Inseln/Ägäis • Hamburg • Harz • Hawaii • Heidelberg • Holland • Holländische Küste • Hongkong • Ibiza/Formentera • Indien • Ionische Inseln • Irland • Ischia • Island • Israel • Istanbul • Istrien • Italien • Italien Nord • Italien Süd • Ital. Adria • Ital. Riviera • Jamaika • Japan • Java/Sumatra • Jemen • Jerusalem • Jordanien • Kalifornien • Kanada • Kanada Ost • Kanada West • Kanalinseln • Karibik I • Karibik II • Kärnten • Kenia • Köln • Königsberg/Ostpreußen Nord • Kopenhagen • Korsika • Kos • Kreta • Krim/Schwarzmeerküste • Kuba • Languedoc-Roussillon • Lanzarote • La Palma • Leipzig • Libanon • Lissabon • Lofoten • Loire-Tal • London • Lüneburger Heide • Luxemburg • Macau • Madagaskar • Madeira • Madrid • Mailand/Lombardei • Malaysia • Malediven • Mallorca • Malta • Mark Brandenburg • Marokko • Masurische Seen • Mauritius • Mecklenburger Seenplatte • Menorca • Mexiko • Mosel • Moskau • München • Namibia • Nepal • Neuseeland • New York • Nordseeküste: Schleswig-Holstein • Normandie • Norwegen • Oberbayern • Oberitalienische Seen • Oberschwaben • Österreich • Ostfriesische Inseln • Ostseeküste: Mecklenburg-Vorpommern • Ostseeküste: Schleswig-Holstein • Paris • Peking • Peloponnes • Pfalz • Philippinen • Piemont/Turin • Polen • Portugal • Potsdam • Prag • Provence • Rhodos • Riesengebirge • Rocky Mountains • Rom • Rügen • Rumänien • Rußland • Salzburg/Salzkammergut • Samos • San Francisco • Sardinien • Schottland • Schwarzwald • Schweden • Schweiz • Seychellen • Singapur • Sizilien • Slowakei • Spanien • Spreewald/Lausitz • Sri Lanka • Steiermark • Sankt Petersburg • Südafrika • Südamerika • Südengland • Südkorea • Südsee • Südtirol • Sylt • Syrien • Taiwan • Teneriffa • Tessin • Thailand • Thüringen • Tirol • Tokio • Toskana • Tschechien • Tunesien • Türkei • Türkische Mittelmeerküste • Umbrien • Ungarn • USA • USA: Neuengland • USA Ost • USA Südstaaten • USA Südwest • USA West • Usedom • Venedig • Venezuela • Vietnam • Wales • Die Wartburg/Eisenach und Umgebung • Weimar • Wien • Zürich • Zypern • Die besten Weine in Deutschland • Die 30 tollsten Ziele in Europa • Die tollsten Hotels in Deutschland • Die tollsten Musicals in Deutschland • Die tollsten Restaurants in Deutschland

Die Marco Polo Redaktion freut sich, wenn Sie ihr schreiben: Marco Polo Redaktion, Mairs Geographischer Verlag, Postfach 31 51, D-73751 Ostfildern

Unsere Autoren haben nach bestem Wissen recherchiert. Trotzdem schleichen sich manchmal Fehler ein, für die der Verlag keine Haftung übernehmen kann.

Titelbild: Seebrückengebäude in Ahlbeck (Colorvision: Uthoff)
Fotos: Autor (55, 61, 62, 71, 74, 78, 85, 91); Colorvision: Uthoff (20, 23); Freyer (26); Ihlow (7, 53, 66, 93, 94); Jung (9, 98); Mauritius: Hubatka (105), Krautwurst (36); Schapowalow: Backhaus (15, 18), Comnet (43), Sascha (28), Schmidt-Luchs (41), Thiele (32); Schuster: Backhaus (80); Sperber (4, 12, 35, 38, 68); Thiele (17, 24)

4., aktualisierte Auflage 1999

Lektorat: Ute Arndt
Gestaltung: Thienhaus/Wippermann (Büro Hamburg)
Kartographie Reiseatlas: © Kompass, Rum/Innsbruck

Printed in Germany
Gedruckt auf 100% chlorfrei gebleichtem Papier

INHALT

Entdecken Sie Usedom!

Traditionsreiche Badeorte, hügeliges Hinterland und Natur pur auf Deutschlands zweitgrößter Insel

Trubel am Strand oder Einsamkeit im Hinterland, Baden in der Ostsee oder Wandern um einen Binnensee – Usedom ist voller Naturschönheiten und so kontrastreich, daß die Langeweile zu Hause bleiben wird. Dicht aneinander drängen sich an der Ostseeküste die Badeorte, darunter solche traditionsreichen wie Ahlbeck, Bansin, Heringsdorf und Zinnowitz. Nur einige hundert Meter vom Bädertrubel entfernt dösen kleine Kaffs vor sich hin, Dörfer mit sandigen Wegen, blumengeschmückten Vorgärten, reetgedeckten, weißgekalkten Häuschen. Usedom, nach Rügen die zweitgrößte Insel Deutschlands, vereint auf 445 Quadratkilometern alle landschaftlichen Besonderheiten der Ostseeküste: flache Dünen, Steilufer und einen 38 Kilometer langen, weißen Sandstrand, dazu leicht gewelltes Hinterland mit Wäldern, Wiesen, Äckern, Boddengewässern und mehr als einem Dutzend Binnenseen. Zum Wahrzeichen der Insel wurde das fast hundertjährige zauberhafte Seebrückengebäude in Ahlbeck, das auch als Filmkulisse in Loriots »Pappa ante portas« glänzte.

Das Seebad Bansin, umrahmt von Ostsee und Schloonsee

1824 eröffnete Swinemünde die erste Badesaison auf der Insel und richtete einen für damalige Zeiten modernen Kurbetrieb ein. Kaiser Wilhelm II. besuchte das Städtchen öfter, auch der Kronprinz kam. Und das Militär: 1905 bot die englische und 1907 die russische Flotte mit Paraden glanzvolle Schauspiele. Nur ein Jahr nach Swinemünde begann das Badeleben in Heringsdorf, 1851 folgte Zinnowitz, ein Jahr später Ahlbeck.

Zum mondänsten Badeort wurde Heringsdorf, das seinen Namen der Verlegenheit des Hohenzollernprinzen Friedrich Wilhelm verdankt, des späteren Königs Friedrich Wilhelm IV. 1820 besuchte er die namenlose Fischerkolonie. Umringt von Fischern und Heringsfässern, fiel ihm auf die Frage nach einem geeigneten Namen nichts Besseres ein als »Heringsdorf«. Bald darauf zogen die ersten Gäste in die drei neuen Logierhäuser, von denen heute noch das Weiße Schloß steht. Zum Weltbad avancierte Heringsdorf seit 1863 besonders durch die tatkräftige Hilfe eines Mannes: Dr. Hugo Delbrück. Der Bankier aus Berlin gründete die »Aktiengesellschaft Seebad Heringsdorf«, und unter seiner Leitung schossen zahlreiche Pensionen und Hotels aus dem Boden. Sie bekamen Türmchen, Säulen, Erker und kunstvoll geschnitzte Balkongeländer. Bäderarchitektur wird dieser Baustil genannt, der besonders um die Jahrhundertwende den Badeorten Usedoms ein eigenes, unverwechselbares Gesicht gab.

Zum Gesicht der Seebäder gehören auch die Seebrücken. Entstanden waren sie in den Jahren, als die Gäste noch auf dem Wasserweg in die Badeorte gebracht werden mußten, weil es keine Eisenbahn und Straßen gab. Später dann avancierten sie zu Flaniermeilen, und das sind sie bis heute geblieben. Die schönste Seebrücke mit verschnörkelten Aufbauten besaß Heringsdorf. Im strengen Winter 1941/42 zerstörten fast überall Eisschollen die hölzernen Bauwerke. Zu DDR-Zeiten waren Schiffspartien auf der Ostsee untersagt, also brauchte man keine Seebrücken. Nach der Einheit, als es Fördermittel für den Neubau gab, erlebten die Seebrücken ihre Renaissance. Entstanden sind aber mit Ausnahme in Heringsdorf, meist nur bessere Stege.

Zu DDR-Zeiten wurde Zinnowitz zum meistbesuchten Erholungsort. Die deutsch-sowjetische Aktiengesellschaft Wismut schickte die Kumpel aus dem Uranbergbau nach Usedom, damit sie sich frische Seeluft in ihre geschädigten Lungen pumpten. In den anderen Badeorten führte der DDR-Einheitsgewerkschaftsbund FDGB fast alle Hotels und Pensionen unter seiner Regie. Ganze Urlauberscharen wurden im Dreizehn-Tage-Rhythmus durch die Ferienheime geschleust. Aber trotz mangelnden Zimmerkomforts und fehlender Restaurants war die Ostseeküste bei den DDR-Bürgern mit ihren bescheidenen Reisemöglichkeiten das mit Abstand beliebteste Ferienziel. Ein »Urlaubsscheck« für ein gewerkschaftliches oder betriebliches Ferienheim auf Usedom löste immer wieder Freudensprünge aus.

Weniger erfreulich war die Belastung für die Ferienheime und Hotels. Der Verschleiß war enorm, es fehlte an Geld und Material, um sie zu erhalten oder zu modernisieren. Seit der Einheit Deutschlands wurden die meisten der schönen alten Pensionen und Hotels restauriert und modernisiert, so daß sie auch auf internationalem Niveau Vergleiche nicht scheuen müssen. Von sterilen Plattenbauten blieb Usedom während der DDR-Zeit weitgehend verschont.

Jeder Badeort auf Usedom hat seine eigene, erzählenswerte Geschichte, die so interessant ist, daß sie ein Bädermuseum verdienen würde. Allein eine Ausstellung über die Badesitten könnte den Urlaubsgast zum Schmunzeln bringen. So mußten noch bis zur Jahrhundertwende Männlein und Weiblein getrennt baden und durften sich dem kühlen Naß nur im Blickschutz eines Badekarrens nähern. Erst als sich die Sitten gelockert hatten, entstanden Seebadeanstalten, in Zinnowitz beispielsweise am West-

Fischerhaus in Warthe im Lieper Winkel

strand für die Damen, am Oststrand für die Herren. Viel später wurde auf dem Mittelstreifen dazwischen das Familienbad erlaubt. Bansin war das erste Seebad Deutschlands, dem die Reichsregierung 1923 eine Freibade-Erlaubnis erteilte: Der Badeanzug durfte nun öffentlich gezeigt werden, mehr noch, von jetzt an war es sogar gestattet, in den Bademantel gehüllt zum Strand zu spazieren.

Der Name Usedom geht auf das slawische Wort »uznam« (Mündung) zurück. Im 12. Jahrhundert war es der Name einer Burg, später dann der einer Ansiedlung im Südosten, ab Mitte des 13. Jahrhunderts wurde die ganze Insel so genannt. 1945 erinnerten sich die Polen an den slawischen Namen und nennen seitdem ihren Inselteil wieder Uznam. Eine richtige Insel ist ganz Usedom jedoch nur noch für gut anderthalb Stunden am Tag, dann nämlich, wenn die beiden Brücken hochgeklappt werden, um größeren Schiffen die Durchfahrt durch den Peenestrom zu gestatten.

Die Usedomer schmücken sich gern mit dem Namen berühmter Besucher, haben doch nicht wenige von diesen zum guten Ruf der Insel beigetragen. So begeisterte sich der berühmte deutsch-amerikanische Maler Lyonel Feininger derart für das kleine Dorf Benz, daß er es gleich mehrfach zeichnete. Nun ist es in namhaften Museen in Amerika zu sehen. Auf der prominenten Gästeliste stehen außerdem Preußenkönig Friedrich Wilhelm IV. und Kaiser Wilhelm II. ebenso wie die Schriftsteller Heinrich Mann und Maxim Gorki, die Filmstars Lilian Harvey, Grete Weiser und Willy Fritsch, der Komponist Richard Strauss, der Dirigent Wilhelm Furtwängler oder Außenminister Gustav Stresemann.

Es gibt aber auch Namen, die man gern verschweigt: Dem selbsternannten Reichsmarschall

Die Marco Polo Bitte

Marco Polo war der erste Weltreisende. Er reiste in friedlicher Absicht, verband Ost und West. Er wollte die Welt entdecken, fremde Kulturen kennenlernen, nicht zerstören. Könnte er für uns Reisende des 20. Jahrhunderts nicht Vorbild sein? Aufgeschlossen und friedlich sollte unsere Haltung auf Reisen sein. Dazu gehören auch Respekt vor Mensch und Tier und die Bewahrung der Umwelt.

des Tausendjährigen Reiches, Hermann Göring, gefiel es in Heringsdorf ebenso wie später dem DDR-Geheimdienstminister Erich Mielke und dem Gewerkschaftschef Harry Tisch.

Im letzten Jahrhundert verbrachte Theodor Fontane seine schönsten Kinderjahre (1827–32) in Swinemünde, wovon er in seinen Jugenderinnerungen ausführlich erzählt. Als Erwachsener reiste er nach Heringsdorf und schrieb von dort 1863 an seine Frau: »Es sind erst zwei Tage und zwei Stunden, seit ich von Berlin fort bin, und schon habe ich so viele Eindrücke empfangen (…), daß mir zumute ist, als hätte ich den Berliner Staub und die Berliner Rinnsteige schon wochenlang hinter mir. (…)« Der große Romancier kam mit der Kutsche, einige Jahrzehnte später sausten Schnellzüge bei Karnin über die neue Hubbrücke, damals Europas größte, und brachten die Berliner in gut zwei Stunden auf die Insel. Die meisten stiegen in Ahlbeck aus, das so zum Spitznamen »Badewanne Berlins« kam. Seit dem Ende des Zweiten Weltkrieges ragen bei Karnin die Reste der gesprengten Eisenbahnbrücke aus dem Wasser, die Strecke über Usedom nach Swinemünde wurde als Reparationsleistung demontiert. Bis heute blieb die Wiederherstellung der Brücke ein unerfüllter Wunsch. In den Sommermonaten quälen sich auf beiden Insel-Bundesstraßen die Autos Stoßstange an Stoßstange vorwärts. Ziel für die nächsten Jahre ist, daß sich die Autos der Gäste nur während der An- und Abreise bewegen, ansonsten auf großen Parkplätzen in den Ferienorten stehenbleiben. Ein gutvernetzter Bahn- und Busverkehr, mit dem weite Teile der Insel erreicht werden können, soll die Gäste aus dem Auto locken. Das Parkticket, so die umweltfreundlichen Überlegungen, könnte der kostenlose Bus- und Bahnfahrschein sein. Würde dieser Plan wahr, so dürfte das allen, den Badeorten und Dörfern, der Natur, der Luft und den Bewohnern bestens bekommen!

Auch die Usedomer werden – wie das so gang und gäbe ist – mit allerlei Vorurteilen und Charakterisierungen bedacht. Sie gelten als stur, zurückhaltend und wortkarg. Sprichwörtlich sind aber auch ihre Gemütlichkeit, ihr hintergründiger Humor und ihre offenherzige Gastfreundschaft. Streß und Hektik mögen sie nicht, auch keine vorschnellen Entscheidungen. So gehen die Usedomer bedächtig – und mit viel Umweltbewußtsein – daran, touristische Einrichtungen für Schlechtwettertage und die kühle Jahreszeit zu schaffen. Sie möchten vermeiden, daß durch falsche Standorte oder ein Zuviel die Landschaft leidet. Denn die ist auf Usedom (noch) prachtvoll.

Ohnehin gibt es Baumeister, die ungefragt schon seit Jahrtausenden die Küsten modellieren: Sturm und Wasser. Unablässig nagen beide an den Steilküsten und brechen immer wieder große Teile heraus, die das Meer fortträgt. Am Langen Berg bei Bansin wurde 1878 ein hölzerner Aussichtsturm errichtet, der rund 40 Meter vom Steilhang entfernt stand. Schon vor Jahrzehnten ist sein Betonfundament in die Tiefe gestürzt. Auch ohne Turm beeindruckt die Aussicht vom Langen Berg, doch schöner sind die Blicke von den zahlreichen Hügeln – die Usedomer sprechen von »Bergen« – im Hinterland. Stets werden Sie irgendwo Wasser erblicken, denn mehr als ein Dutzend Seen liegen in die Landschaft gebettet, schilfbewachsen die einen, mit Badestränden die anderen. Schöne Ansichten schenkt das leicht gewellte Hinterland der Insel zu allen Jahreszeiten: Im Frühjahr blühen auf der Halbinsel Gnitz ganze Felder von saftigen Sumpfdotterblumen, im Mai und Juni leuchten im Usedomer Winkel die gelben Rapsfelder wie kostbare Teppiche, und einige Monate später hängen im Lieper Winkel die Sträucher voller schwarzblauer Brombeeren. Immer noch genießt man in Gnitz, Lieper und Usedomer Winkel seltene Ruhe und Einsamkeit. Die Stille an den

Der »Strandmöbel-Erfinder« ist der Korbmachermeister Bartelmann aus Rostock

malerischen Buchten wird nur vom Rufen der Wasservögel unterbrochen.

Usedoms Geschichte war zu allen Zeiten bewegt und ist noch lange nicht zu Ende erzählt. Nicht vergessen werden darf der Pirat Klaus Störtebeker, der hier einen Schlupfwinkel besessen haben soll, auch nicht die gotteslästerliche Gold- und Silberstadt Vineta, die angeblich vor der Küste Koserows unterging. Auf Usedom liegt aber auch Peenemünde, wo Hitler Raketen bauen ließ und unter Wernher von Braun die erste automatisch gesteuerte Flüssigkeitsgroßrakete der Welt entwickelt wurde. Sie durchstieß die Atmosphäre und öffnete somit das Tor zum Weltraum – Peenemünde darf sich rühmen, Geburtsort der Raumfahrt zu sein und macht davon auch reichlich Gebrauch. Daß diese V 2 genannte Rakete Tod und Verderben über die Menschen Westeuropas brachte, wird dabei oft vergessen.

Die Alliierten schlugen zurück, der Zweite Weltkrieg hat auch auf der Insel traurige Spuren hinterlassen. Nicht nur Peenemünde wurde bombardiert, sondern auch der Flottenstützpunkt Swinemünde. Am Vormittag des 12. März 1945 steuerten 650 Bombenflugzeuge die Stadt an und legten das Zentrum und die Hafenanlagen in Schutt und Asche. Am Ende des Zweiten Weltkrieges sprachen die Alliierten die Odermündung mit Swinemünde Polen zu. Usedom wurde geteilt.

Die Raketenbauer riegelten nicht nur Peenemünde, sondern den ganzen Nordteil Usedoms ab und sperrten die vorgelagerten kleinen Inseln Greifswalder Oie und Ruden für die Öffentlichkeit. Auch zu DDR-Zeiten blieben die Inseln Touristen verschlossen. Und nicht nur ihnen: Der letzte Pächter auf der Greifswalder Oie wurde 1951 festgenommen und in Handschellen an Land gebracht. Unter dem Vorwand, er habe seine beiden Zugochsen ohne Genehmigung geschlachtet, sperrte man ihn in ein sowjetisches Internierungslager.

Nach dem Zusammenbruch der DDR wurden die beiden Inseln zu Objekten der Begierde, private Interessenten drängten sich um sie. Einer von ihnen wollte die Greifswalder Oie zur Toteninsel machen – ein Friedhof für finanzkräftige Snobs sollte entstehen. Die Vernunft siegte, die Inseln werden als Naturkleinode jetzt geschützt. Auf den Ostseewellen können Sie sich wieder wie vor Jahrzehnten von Fahrgastschiffen zu den beiden kleinen Schwestern Usedoms tragen lassen.

Deutschlands zweitgrößte Insel bietet noch viele Bilder wie aus Kaisers Familienalbum. Ihnen wieder den rechten Glanz zu geben, darum bemühen sich die Usedomer seit der Einheit Deutschlands nach Kräften. Sie sind dabei, auch die letzte Ecke herauszuputzen, und mittlerweile fühlen sich selbst verwöhnte Gäste auf Usedom wieder wohl. Und die meisten von ihnen schwärmen – wie Theodor Fontane vor über hundert Jahren – von der »Ruhe und frischen Luft« und dem »Blick durch die Bäume hindurch auf das graue Meer«, der »poetisch und für Herz und Sinn unendlich wohltuend« sei.

Geschichtstabelle

Um 600
Slawische Stämme besiedeln die Insel

1128
Beginn der Christianisierung mit der zweiten Missionsreise des Bischofs Otto von Bamberg

1534
Der Klosterbesitz geht nach der Reformation überwiegend in das Eigentum des Herzogs von Pommern-Wolgast über

1648
Ende des Dreißigjährigen Krieges mit dem Westfälischen Frieden, in dem Vorpommern mit der Insel Usedom den Schweden zugesprochen wird

1720
Teilung von Vorpommern am Ende des Nordischen Krieges, Usedom fällt an Brandenburg-Preußen

1824
Eröffnung der ersten Badesaison auf der Insel in Swinemünde

1843
Karl Wilhelm Meinholds Roman »Maria Schweidler, die Bernsteinhexe« erscheint

1855
Auf der Greifswalder Oie wird der Leuchtturm eingeweiht

1872
Eine gewaltige Sturmflut richtet auf Usedom und den Inseln Ruden und Greifswalder Oie schwere Zerstörungen an

1876
Usedom erhält Eisenbahnanschluß von Berlin über Ducherow

1932
Die Straßenbrücke bei Zecherin wird freigegeben, zwei Jahre später die in Wolgast

1936
Errichtung der Heeresversuchsanstalt Peenemünde

1942
Abschuß der ersten automatischen Flüssigkeitsgroßrakete V 2

1945
Der Ostteil der Insel (Swinemünde) wird auf der Potsdamer Konferenz Polen zugesprochen, der größere Teil kommt zum neugebildeten Land Mecklenburg-Vorpommern

1949
7. Oktober: Gründung der DDR

1952
Usedom gelangt zum Bezirk Rostock

1990
18. März: erste freie Wahlen in der DDR nach mehr als 40 Jahren; 3. Oktober: Beitritt der DDR zur Bundesrepublik Deutschland, Usedom gehört zum wiedergebildeten Bundesland Mecklenburg-Vorpommern

1995
Die schwerste Sturmflut der letzten 40 Jahre verursacht in der Nacht vom 3. zum 4. November Landabbrüche bis zu 10 m

Alleen, Bernstein und Vineta

Von allerlei Schätzen über und unter dem Meeresspiegel

Achterwasser
»Achter« heißt im Niederdeutschen »hinter«. Achterwasser ist also das »Wasser dahinter« und meint jenes Wasser, das in Usedoms Rücken liegt, wenn man zur offenen Ostsee blickt, und das von Usedom an drei Seiten eingeschlossen wird. An der schmalsten Stelle Usedoms, zwischen Zempin und Koserow gelegen, beträgt die Entfernung zwischen Ostsee und dem überwiegend schilfbewachsenen Achterwasser nur etwa 330 m.

Aktion Rose
In einer Nacht-und-Nebel-Aktion wurden 1953 unter fadenscheinigen Begründungen unzählige private Hotels und Pensionen durchsucht, den Besitzern Unredlichkeiten unterstellt und ihr Eigentum in gerichtlichen Schnellverfahren enteignet. Die Häuser verwalteten von nun an der DDR-Gewerkschaftsbund FDGB und die SED. Nach dem Zusammenbruch der DDR haben die meisten früheren Besitzer die Hotels und Pensionen wieder übernommen.

Mit einmal Augenblinzeln wird aus dem Asphalt Kopfsteinpflaster und aus dem Auto eine vierspännige Pferdekutsche

Alleen
Grüne Tunnel werden die baumbestandenen Straßen genannt, weil die Kronen der Bäume sie fast undurchdringlich überspannen. In der Vergangenheit halfen die Linden, Kastanien und Apfelbäume sich zu orientieren: Bei hohem Schnee markierten sie den Weg zu Nachbarorten, im Sommer spendeten sie Pferdefuhrwerken angenehmen Schatten. Die schönste Allee Usedoms führt von der B 111 nach Krummin.

Bernstein
»Gold des Nordens« wird der Bernstein genannt, Stürme tragen ihn im Seetang an Usedoms Küste. Die kleinen, weingelben bis rötlichen Steine haben ein Alter von etwa 40 Mio. Jahren; sie entstanden aus dem erhärteten Harz vorzeitlicher Nadelbäume. Bernstein läßt sich bohren, sägen, schleifen und brennt mit heller, stark rußender Flamme und angenehmem Geruch. In Bernsteinstücken sind oft Pflanzen-

reste wie Tannennadeln oder Fliegen, Mücken und Käfer eingeschlossen, Inklusion genannt. Durch diese Einschlüsse kann erforscht werden, welche Insektenarten vor Millionen Jahren im Fundgebiet lebten. Im Barock war Bernstein ein begehrtes Diplomaten- und Hochzeitsgeschenk der Fürstenhöfe. Zu Weltruhm gelangte das Bernsteinzimmer, das Preußenkönig Friedrich I. dem russischen Zaren Peter dem Großen im Jahr 1712 schenkte, aber seit Ende des Zweiten Weltkriegs verschollen ist.

Bodden

Die niederdeutsche Bezeichnung für seichte Meeresbuchten an der Ostseeküste Mecklenburg-Vorpommerns. Bodden sind durch Überflutung der Grundmoränen in der Nacheiszeit entstanden, sie besitzen meist zerlappte Uferränder. Kleine, flache Buchten werden Wiek genannt, Usedom hat die Spandowerhagener Wiek und die Krumminer Wiek.

Braun, Dr. Wernher Freiherr von (1912–1977)

Der Wissenschaftler hatte als Raketenforscher einen maßgeblichen Anteil an der Entwicklung der Raumfahrt. 1932 wurde er Mitarbeiter des Heereswaffenamtes in Kummersdorf (südlich Berlins). 1937 setzten ihn die Nationalsozialisten als technischen Direktor der Heeresversuchsanstalt Peenemünde ein. Unter von Brauns Leitung wurde die erste moderne Großrakete der Welt, die V 2, entwickelt und erprobt. Der Wissenschaftler war Mitglied der NSDAP und SS, Hitler selbst ernannte ihn zum Professor. Als von Braun nach dem Zweiten Weltkrieg in die USA übersiedelte, folgten ihm mehr als hundert seiner Mitarbeiter. Er war verantwortlich für Bau und Start des ersten amerikanischen Erdsatelliten und der Saturn-Raketen. Die Saturn-Rakete V war die Trägerrakete, die 1969 das Raumschiff für die Mondlandung in den Weltraum schoß. Auch die Cruise Missiles wären ohne seine Vorarbeit nicht entwickelt worden.

Fauna

In der Ostsee werden vor allem Dorsch, Flunder und Hering gefangen, in den Boddengewässern Hecht, Barsch, Aal und Zander. Am Strand liegen die gerippten Herzmuscheln, die rosafarbenen Baltischen Plattmuscheln und die ovalen Sandklaffmuscheln. Charakteristischer Vogel der Küste ist die Möwe, am häufigsten kommt die Lachmöwe vor, die ihr Nest in Kolonien am Boden baut und von Insekten, wirbellosen Tieren, Fisch und Abfall lebt. Reh, Rotwild, Damwild und Wildschwein sind auch in Usedoms Wäldern zu Hause.

Fischotter

Der vom Aussterben bedrohte Fischotter hat auf Usedom noch sein Zuhause. Jahrhunderte wurden die Tiere ihres Pelzes wegen unbarmherzig gejagt. Touristen bekommen die possierlichen Tiere jedoch kaum zu sehen, denn sie sind nachtaktiv, scheu und äußerst schnell. Fischotter legen auf dem Land bis zu 8 km pro Stunde zurück, im Wasser schaffen sie bis zu 12 km. Den Eingang zu ihrem Bau graben sie meist einen halben Meter unter der Wasseroberfläche. Dort, wo die Tiere Straßen überqueren, fordern Verkehrsschilder dazu auf, zwischen 21 und 6 Uhr die Geschwindigkeit zu drosseln.

Flora
Überwiegend Kiefern, Erlen, Buchen, Birken und Fichten wachsen auf der Insel. Unter Naturschutz steht die Stechpalme, die im Mai und Juni weiß blüht und deren Blätter Spitzen wie Dornen haben. Blau- und Preiselbeerensammler schwärmen von der oft reichlichen Ernte. Stieleichen-Birkenwälder stehen im Gebiet Peenemünde, Mölschow und Lütow. Auf den feuchten Böden um den Gothensee, den Schmollensee und den Kachliner See wachsen Erlen-Eschenwälder. Die Dünen der Außenküste sind vorwiegend mit Strandhafer befestigt. Auf der Greifswalder Oie wird die Stranddistel oft meterhoch, unübersehbar ihre metallisch glänzenden Blätter und stahlblauen Blüten im Hochsommer.

König Gustav II. Adolf von Schweden (1594–1632)
Ein Gedenkstein neben der Friedhofskapelle in Peenemünde erinnert an den schwedischen König: Am 26. Juni 1630 war er mit 14 000 Mann an der Nordküste Usedoms gelandet, um in den Dreißigjährigen Krieg einzugreifen. Der König fürchtete einerseits um die schwedische Vorherrschaft an der Ostsee, andererseits kämpfte er gegen die kaiserliche Macht Ferdinands II., um den bedrängten Protestanten zu helfen. In der für die Schweden siegreichen Schlacht 1632 bei Lützen (südwestlich von Leipzig) töteten ihn die kaiserlichen Soldaten Wallensteins. Der verwundete braune Hengst, den der König ritt, steht noch heute präpariert im Nordischen Museum in Stockholm. Der Leichnam Gustavs II. wurde damals in Weißenfels einbalsamiert und war für einige Tage im Schloß in Wolgast aufgebahrt, das es heute nicht mehr gibt.

Angst vor der eigenen Courage kannte der Flugpionier nicht

Lilienthal, Otto (1848–1896)
Der Anklamer entwickelte mit seinem »Segelapparat« das erste flugfähige Gleitflugzeug und damit das erste Flugzeug der Welt. In seiner Geburtsstadt erinnern an den Flugpionier ein Museum, ein Denkmal auf dem Marktplatz (das nach Bauarbeiten wieder aufgestellt wird), das Relief in der Rathaushalle, die Büste an der Stelle des nicht mehr vorhandenen Geburtshauses in der Peenstraße und der seinen Namen tragende Verkehrslandeplatz. Lilienthal war als Flugzeugkonstrukteur zugleich sein eigener

Testpilot. 1891 gelangen ihm die ersten Sprünge bis zu 15 m, fünf Jahre später verunglückte er bei einem Routineflug in den Rhinower Bergen in der Mark Brandenburg tödlich.

Meinhold, Karl Wilhelm (1797–1851)

Der Verfasser kulturhistorischer Romane und Dramen wurde in Netzelkow auf Usedom als Sohn des dortigen evangelischen Pfarrers geboren. Bereits mit 16 Jahren besuchte Meinhold die Universität in Greifswald, 1820 bekam er das Rektorat der Stadtschule von Usedom. Mut zum Schreiben machte ihm Jean Paul, dem er sein erstes, 1821 verfaßtes historisches Trauerspiel »Herzog Bogislaw« sandte. In seiner Zeit als Pfarrer in Krummin (1827–44) schrieb Meinhold seinen bekanntesten Roman »Maria Schweidler, die Bernsteinhexe« mit dem langen Untertitel: »Der interessanteste aller bisher bekannten Hexenprozesse, nach einer defekten Handschrift ihres Vaters, des Pfarrers Abraham Schweidler in Coserow auf Usedom« (1843). Meinhold schildert darin mit historischer Detailkenntnis das Schicksal der schönen Pfarrerstochter Maria Schweidler, die während des Dreißigjährigen Krieges gegen die Hexenverfolgung auftritt. Er verstand es hervorragend, die Denk- und Sprechweise des 17. Jhs. wiederzugeben, so daß viele, u. a. Heinrich Heine, dieses Werk für einen authentischen Bericht hielten.

Niemeyer-Holstein, Otto (1896–1984)

Der Altmeister der norddeutschen Landschaftsmalerei wird heute als »Picasso des Nordens« verehrt. Mehr als 50 Jahre lebte und malte Niemeyer-Holstein am Rande von Koserow in »Lüttenort«, wie er sein kleines Anwesen am Achterwasser taufte. Als ihn seine Kunst noch nicht ernährte, fuhr Niemeyer-Holstein mit dem Segelboot Feriengäste auf das Achterwasser. 1955 und 1956 konnte er seine Landschaften, Menschen und Stilleben erstmals auf eigenen Ausstellungen in Kassel, Lübeck, Berlin und Erfurt zeigen. Ein immer wiederkehrendes Motiv: der Strand. Kurz vor dem Tod verfügte er für seinen skurrilen Wohn- und Arbeitssitz: »Die Türen sollen für Besucher offen sein und jeder soll denken: Gleich wird der Alte mit dem Stock auftauchen – und zum Eintreten einladen.«

Plattdeutsch

Nur ältere Usedomer sprechen untereinander noch Plattdeutsch, wie das Niederdeutsche landläufig genannt wird. Vom 14. Jh. an war es die Verkehrssprache, wurde aber ab dem 16. Jh. vom Hochdeutschen abgelöst, das hauptsächlich der Adel und das Bürgertum schrieben und sprachen. Die Umgangssprache der einfachen Bevölkerung blieben das Plattdeutsch und seine zahlreichen landschaftlich gebundenen Dialekte. Einige Worte in Plattdeutsch: *grapschen* = anfassen, *Diern* = Mädchen, *kloenen* = erzählen, *pükerig* = mühsam.

Postkoarl

Der Freester Fischer Karl Knepel, Postkoarl genannt, war in den 20er Jahren der einzige dienstlich segelnde Postbote

Deutschlands. Am Mast seines Bootes wehte die Reichspostflagge. Zweimal wöchentlich segelte Karl Knepel zwölf Jahre lang, von 1924 bis 36, zu den Inseln Ruden und Greifswalder Oie und versorgte ihre Bewohner mit ersehnten Nachrichten. War die See zugefroren wie im Winter 1928/29, stieg er um auf den Pferdeschlitten. Wenn das Eis noch keine geschlossene Decke gebildet hatte, benutzte der Postkoarl den Lotsendampfer »Thiessow«. Besonders sehnsüchtig wurde er erwartet, wenn er einmal im Monat das Geld auszahlte; viermal im Jahr begleitete ihn der Schornsteinfeger.

Runge, Philipp Otto (1777–1810)
Der Begründer der romantischen Malerei reiste oft von Hamburg, seinem Wohnsitz, zu seiner Geburtsstadt Wolgast, um von dort aus nach Usedom und Rügen zu wandern. Runge beeinflußte die deutsche Malerei nicht nur durch seine kraftvoll realistischen Bildnisse, sondern auch durch seine in Briefen festgehaltenen Erkenntnisse zur Farbenlehre. Darüber hinaus hat er auch Märchen gesammelt. So stammt das bekannte plattdeutsche Märchen »Vom Fischer und sien Fru« von ihm; die Brüder Grimm nahmen es in ihre Sammlung auf. Runge wurde als neuntes von elf Kindern geboren. Sein Geburtshaus Kronwiekstraße 45 in Wolgast wurde restauriert und 1997 als Gedenkstätte eröffnet. Runges Werk umfaßt etwa 500 Zeichnungen und 40 Gemälde, die meisten sind in einem Zeitraum von knapp acht Jahren entstanden. Die wichtigsten Bilder wie »Die Hülsenbeckschen Kinder« (1805) und »Die Eltern des Künstlers« (1806) hängen in der Hamburger Kunsthalle.

Salzhütten
Nach 1820 förderte der preußische Staat die Strandfischerei, indem die Fischer steuerfreies Salz für die Konservierung der Fische erhielten. Um das Salz unter Verschluß lagern zu können, bauten

In der ältesten deutschen Strandkorbfabrik in Heringsdorf

Ein Modell der sogenannten Vergeltungswaffe in Peenemünde

sie kleine, in Fachwerk oder aus Backstein errichtete Häuser, doch die großen Sturmfluten von 1872 und 1874 zerstörten sie. Die Salzhütten wurden wieder auf- und ausgebaut, doch nutzten die Fischer sie jetzt meist als Arbeitsraum. Bei der Koserower Seebrücke, aber auch in den Dünen von Zempin, stehen noch eingeschossige, reetgedeckte Salzhütten. Die in Koserow werden heute als Gaststätte, Museum und Souvenirgeschäft genutzt.

Strandkorb

Tausende dieser »Strandmöbel« werden im Mai aufgestellt und im Oktober wieder in den Lagerräumen verstaut. »Erfunden« wurde der Strandkorb 1882 in Rostock von Hofkorbmachermeister Wilhelm Bartelmann, der einer älteren, rheumakranken Dame einen mit Markisenstoff überdachten Rohrstuhl als Windschutz baute. Am 14. Juni 1883 ließ Bartelmann im »Allgemeinen Rostocker Anzeiger« jene Annonce veröffentlichen, mit der der Siegeszug des Strandkorbes begann: »Badegästen empfiehlt Strandkörbe als Schutz gegen Sonne und Wind…«. 1925 nahm in Heringsdorf eine Strandkorbfabrik die Produktion auf, 1992 wurde das zu DDR-Zeiten als »volkseigen« geführte Unternehmen wieder privatisiert. Hier werden noch Strandkörbe im alten Stil gefertigt, die nicht nur auf der Insel Usedom gefragt sind.

Sturmfluten

Durchschnittlich alle 12 Jahre tritt eine Sturmflut mit einem Wasserstand von mehr als 1,5 m über normal auf. Die schwersten Sturmfluten, über die es genaue Informationen gibt, trafen Usedom in den Jahren 1872 und 1874. Sie zerstörten das Vorwerk Damerow, woran ein Gedenkstein an der Straße erinnert, die von der B 111 nach Koserow abbiegt. In der Silvesternacht 1913/14 riß das Wasser in Bansin fast die gesamte Promenade mit den Badeanstalten fort. Im Frühjahr 1949 erwischte es Bansin erneut: Das Wasser spülte einen großen Teil der Kuranlagen mit dem Konzertplatz weg. Heute schützen an vielen Stellen Deiche vor den heranstürmenden Wogen.

Usedom-Statistik

445 qkm mißt Usedom, wovon 90,9 qkm zu Polen gehören. Im

Vergleich: Usedom könnte den gesamten Ost- und Nordfriesischen Inseln samt Helgoland Platz bieten. Das Oderhaff und der Peenestrom trennen Usedom vom Festland, die Swina von der Insel Wolin. Die Außenküste vom Peenemünder Haken bis zur Swina hat eine Länge von 46 km (bis zur Grenze 42 km). An der schmalsten Stelle der Insel zwischen Zempin und Koserow trennen nur 330 m Land die Ostsee vom Achterwasser. Die höchsten Erhebungen sind der Golm (69 m) bei Kamminke, der Kückelsberg (58,3 m) bei Benz, an der Außenküste der Streckelsberg (56 m) bei Koserow und der Lange Berg (54 m) bei Bansin.

Seit Ende des Zweiten Weltkrieges verwaltet sich Usedom nicht mehr selbst, sondern gehört zum Landkreis Ostvorpommern mit der Kreisstadt Anklam.

V-Waffen

Kurzbezeichnung für zwei während des Zweiten Weltkrieges in der Heeresversuchsanstalt Peenemünde entwickelte Waffensysteme, die sogenannten Vergeltungswaffen. Von der mit Tragflächen und Selbstantrieb ausgestatteten Flügelbombe V 1 wurden etwa 20 000 Stück abgeschossen, der erste Einsatz auf London war am 13. Juni 1944.

Auch die automatisch gesteuerte Flüssigkeitsrakete V 2 richtete in der britischen Hauptstadt große Verwüstungen an; Antwerpen wurde durch die V-Waffen fast vollständig zerstört. Von Peenemünde selbst erfolgte kein militärischer Einsatz dieser Waffen.

Ab Januar 1944 wurde die Produktion der V 2 von Usedom nach Nordhausen in Thüringen verlegt. Nach Kriegsende transportierten die Amerikaner 100 fertiggestellte Raketen in die USA. Die unterirdische Anlage in Nordhausen sollte daraufhin gesprengt werden, was aber nicht gelang. Sie ist heute als Gedenkstätte eingerichtet und dokumentiert die unmenschlichen Arbeits- und Lebensbedingungen der hier eingesetzten KZ-Häftlinge.

Vineta

Das Atlantis Pommerns ruht in den Tiefen der Ostsee. Vineta soll eine sagenhaft reiche Stadt gewesen sein, doch besaßen ihre Bewohner so viel Hochmut, daß Gott die Stadt eigenhändig im Meer versenkte. So erzählt es die eine Legende. Eine andere besagt, der Reichtum von Vineta habe zu Haß und Neid geführt, so daß man Schweden und Dänen zu Hilfe gerufen habe. Beide seien auch gekommen, hätten gute Beute gemacht und die Stadt schließlich zerstört. Vor dem Streckelsberg, dort, wo das Vineta-Riff das Meer aufschäumen läßt, habe sich Vineta befunden. 1827 kam der preußische Kronprinz und spätere König Friedrich Wilhelm IV. nach Koserow, um das Riff zu besichtigen. Der Pfarrer und Dichter Wilhelm Meinhold hatte auf dem damals noch aus dem Wasser ragenden Riff eine Kanzel errichtet, von wo er den Thronfolger und seine Begleitung in den Booten willkommen hieß.

Polnische Wissenschaftler wollen durch Grabungen ermittelt haben, daß das heute unscheinbare Städtchen Wolin mit der sagenhaften Handelsstadt identisch und von den Dänen 1184 zerstört worden sei.

Herzhaftes und Fisch, Fisch, Fisch

Traditionelles aus Vorpommern nach Großmutters Rezepten

Die Küche der Küste, auch die von Usedom, gilt als deftig und einfach: bodenständige Hausmannskost, die auf jeglichen Schnickschnack verzichtet. In der Vergangenheit mußte eine Mahlzeit lange vorhalten, auch konnten sich die Fischer und Landarbeiter keine gastronomischen Köstlichkeiten leisten. Auf den Tisch kam all das, was vor der Haustür wuchs oder schwamm: Kartoffeln, Kohl, Rüben und natürlich Fisch. Hering mit Kartoffeln war bis Anfang des 20. Jahrhunderts ein alltägliches Gericht. In unserer Zeit ist der Hering wieder zu Ehren gekommen, nachdem er einige Jahre als Armeleuteessen in den Restaurants verpönt war. Jährlich im April wird zu Heringswochen geladen. Usedomer Köche zaubern wahre Leckereien aus dem besonders zarten Ostseehering. In der ersten Oktoberhälfte gibt es die Tüftentage. Tüfte heißt hierzulande die Kartoffel.

Durch den seit gut hundert Jahren praktizierten Fremdenverkehr wurden auch Gerichte aus anderen Landen in der Inselküche ausprobiert, denn die Usedomer wollten sich zwar nicht welt-, aber zumindest landesoffen geben. Regionales hingegen wurde lange vernachlässigt und geriet in Vergessenheit. Touristen möchten aber lokale Speisen probieren. Deshalb stöberten in jüngster Zeit Inselköche in Großmutters Kochbüchern, was sie auch auf den Speisekarten vermerken: »Zubereitet nach alten Familienrezepten«.

Fangfrischer Fisch steht bei Köchen und Gästen gleichermaßen in der Gunst. Es gibt nicht nur Ostseefische wie Hering, Flunder und Dorsch, durch den Peenestrom, das Achterwasser und das Kleine Haff können auch Süßwasserfische wie Barsch, Zander, Karpfen und Hecht angeboten werden. Die Flunder, so meint der Volksmund, schmecke in den Monaten ohne r am besten, der Dorsch dagegen in den Monaten mit r. Im späten Frühjahr wird vielfach der wohlschmeckende Hornfisch angeboten, den man an den grasgrünen Gräten erkennt. Er kommt nur zum Laichen aus dem Atlantik

En vogue: Ahlbeck, seine Bäderarchitektur und Straßencafés

und Mittelmeer in die Ostsee. Eine Delikatesse können Fischsuppen sein, wie im *Ostseehotel Ahlbeck* und in *Kelchs Fischrestaurant* in Koserow. Hecht und Dorsch werden für die Suppen gern verwendet. Gute Adressen für Fisch sind die Gaststätte *Zur Reuse* in Ziemitz, *Tau'n Fischer un sin Fru* in Zempin und *Waterkant* in Loddin. Das typische Gericht entlang der Ostseeküste, in allen Kochbüchern gepriesen, steht auf den Usedomer Speisekarten selten: Labskaus, zum ersten Mal 1878 im seemännischen Wörterbuch von Bermpohl erwähnt. Dort wird er als »Brei von Kartoffeln und Salzfleisch« beschrieben. Die Labskausrezepte sind auch regional recht unterschiedlich: Stets dazu gehören das Püree aus Kartoffeln und durch den Fleischwolf gedrehtes Pökelfleisch, außerdem kleingeschnittenes Heringsfilet, Gurken und rote Beete, zum Schluß mit einem Spiegelei gekrönt.

Usedoms Wälder gelten als wildreich (Wildschwein und Hirsch), und so haben sich einige Restaurants auf Wild spezialisiert: *Forsthaus Langenberg* in Bansin, *Forsthaus Damerow* in Koserow, *Forsthaus Wildpark* in Heringsdorf. Gepflegte internationale Küche bieten meist Hotels der höheren Preisklasse, einen Namen gemacht hat sich das Restaurant *La Mer* im Strandhotel in Ahlbeck. Wer zum Nachtisch etwas Regionales essen möchte, sollte die aus Beeren und Obstsaft gekochte rode Grütt (rote Grütze) wählen, die mit Vanillesoße serviert wird.

Die regionale Geschmacksrichtung süß-sauer könnte allerdings befremden und nicht jedermanns Sache sein. Viele Hauptgerichte werden gezuckert oder mit Backpflaumen und Rosinen gewürzt. Der Gasthof *t'n Eikbom* in Dargen, ein wenig abgelegen, pflegt solche Speisen. Süß-sauer schmeckt auch die Soljanka, eine ursprünglich ukrainische Spezialität, die auf keiner Speisekarte der ehemaligen DDR fehlte und sehr beliebt ist. Die

Ahlbecker Fischsuppe

4 Zwiebeln in Scheiben, einen kleinen Weißkohlkopf in Würfel schneiden, beides in 5 Eßlöffel heißem Öl anschwitzen, leicht salzen und mit Pfeffer überstreuen. Wasser oder Brühe und ein Lorbeerblatt zugeben und das Gemüse auf kleiner Flamme garen lassen.

500 g Fischfilet (möglichst vom Dorsch) in große Würfel schneiden, leicht salzen, in das Gemüse legen und den Fisch gar ziehen lassen. 4 bis 6 Kartoffeln in kleine Würfel schneiden, in wenig Salzwasser mit einem Lorbeerblatt garen und mit dem Kochwasser zur Suppe hinzufügen. 5 Eßlöffel Mehl ohne Fett in einer Pfanne braun rösten, mit $^1/_4$ l kalter Milch verquirlen, durchseihen und an die Suppe geben. Mit reichlich gehacktem Dill bestreuen und dazu kleine Schwarzbrotecken mit Anchovisbutter oder Räucherfischpastete servieren.
(Rezept für 4 Personen vom Chefkoch des Ostseehotels Ahlbeck)

Auch in Usedoms Klassiker steht auf der Speisekarte Fisch

köstliche Fleischsuppe mit Gurken, Zwiebeln und Tomaten wird mit einem Klacks saurer Sahne und einer Zitronenscheibe obenauf serviert.

Wenn Einheimische mitbekommen, daß ihre Küche nicht so recht mundet, werden sie bestimmt meinen: »Dei weit jo nich wat schmeckt« (Der weiß ja nicht, was schmeckt!), wenn Sie dagegen voller Appetit »rinspachteln« oder »verposementieren«, wie es hierzulande heißt, dann kann schon mal hinter Ihrem Rücken getuschelt werden: »He frett, dat dat Mul schümt« (Der frißt, daß das Maul schäumt) oder »He frett as'n Schüündöscher« (Der frißt wie ein Scheunendrescher).

An warmen Tagen verzichten die Gäste meist auf das Mittagessen, die Gaststätten sind dann fast leer. An Badewettertagen läßt man sich zwischendurch ein Fischbrötchen schmecken oder ein Stück Räucherfisch. Die Fischer am Strand, so in Ahlbeck, Bansin und Koserow, schreiben ihr tägliches Angebot mit Kreide auf eine Tafel. Nichts geht über eine Portion Aal frisch aus dem Rauch. Auf dem Markt in Świnoujście, gleich hinter der Grenze, finden Sie das umfangreichste und preiswerteste Räucheraal-Angebot.

In der kalten Jahreszeit, nach einem Spaziergang bei Eis und Schnee, wird man Ihnen zum Aufwärmen einen Grog empfehlen: Auf zwei Stück Zucker wird soviel Rum oder Weinbrand gegossen, bis das Glas zur Hälfte voll ist, dann wird mit siedendheißem Wasser aufgefüllt. Apropos Trinken: Was mögen die Einheimischen an alkoholischen Getränken außerdem? Wenn Sie einen von der älteren Generation fragen, dürfte er Ihnen verschmitzt antworten: »Wat bruken wi Alkohol, solang wi Bier un Bramwin hewwen« (Was brauchen wir Alkohol, solange wir Bier und Branntwein haben). Beliebte Biere sind das heimische Pils aus Rostock und das aus dem Vogtland kommende Wernesgrüner. Zum Bier paßt hervorragend ein Köm, klarer Kümmelschnaps, ob Sie nun deftig gegessen haben oder nicht.

Fische und Anker als Teppichmuster

Kunsthandwerk aus Bernstein, Wolle und Ton

Bernstein in Ringen, als Anhänger und Ketten: Das »Gold des Meeres« wird überall angeboten und als typisches Mitbringsel gern gekauft. Beliebt sind auch Buddelschiffe, von denen die kleinsten nur streichholzschachtelgroß sind. Das Schiff in der Buddel, wie die Flasche plattdeutsch heißt, ist oft der maßstabsgerechte Nachbau eines historischen Seglers. Die ersten Buddelschiffe tauchten Ende des 18. Jhs. auf, mit dem Bau dieser Schiffe vertrieben sich die Seeleute ihre freie Zeit und bewiesen ihr handwerkliches Geschick.

In Mölchow und Zinnowitz verkaufen Maler ihre Bilder mit landschaftstypischen Motiven, in Bannemin und Morgenitz Keramiker ihre kunstvollen Arbeiten.

Wer etwas mit nach Hause nehmen möchte, das es nur auf Usedom gibt, muß allerdings mehr Geld hinlegen: Die Fischerteppiche haben ihren Preis! Geknüpft werden sie in Freest und anderen Orten am Peenestrom. Während der Weltwirtschaftskrise in den 20er Jahren, als die Massenarbeitslosigkeit auch unter den Ostseefischern groß war, wurde das Teppichknüpfen am Peenestromufer aus der Not heraus geboren. Fischer können Netze knüpfen, so sagte man sich, warum nicht auch Teppiche. Die Ornamente der Teppiche sind der Lebens- und der Alltagswelt ihrer Schöpfer entlehnt, geschickte Hände knüpfen Fische, Anker, Möwen, Koggen und Schwäne in das Teppichnetz. 62 000 Knoten ergeben einen Quadratmeter, etwa 160 Stunden benötigt eine Knüpferin dafür. Wer eine solche textile Kostbarkeit erwirbt, die es gegenwärtig nur in Freest zu kaufen gibt, hat mit Sicherheit ein Unikat, kein Teppich gleicht in Farbe und Muster einem anderen.

Maritime Souvenirs sind in allen größeren Badeorten zu haben. Wer an Schlechtwettertagen einen ausgedehnten Einkaufsbummel unternehmen möchte, für den heißt das Ziel: Polenmarkt in Swinemünde! Das Angebot an Hunderten von Ständen reicht von Räucheraalen über Gartenzwerge bis zu Textilien.

In der Töpferei in Morgenitz kann man erahnen, wieviel Arbeit ein einzelnes Tongefäß macht

Seebrücken- und Sommerfeste

Das Usedomer Musikfestival vereint Künstler aus dem In- und Ausland

In der warmen Jahreszeit wird den Gästen allerlei geboten: Hafen-, Strand-, Neptun- und Sommerfeste. Und um die neuen Seebrücken in den Blick der Öffentlichkeit zu rücken, gesellten sich in jüngster Zeit Seebrückenfeste hinzu. Die Namen mögen variantenreich sein, die Programme unterscheiden sich nicht wesentlich: meist musikalischer Frühschoppen, Kinderprogramm, Markttreiben. Die Ankündigungen hängen in den einzelnen Orten aus und stehen in den Veranstaltungsplänen. Für Sportfreunde ist der erste Sonnabend im September ein fester Termin: Da findet der Internationale Usedom-Marathon über die Seebäderpromenaden und den Küstenradweg von Świnoujście nach Wolgast statt.

Bedeutung hat das Usedomer Musikfestival, zu dem 1994 das erste Mal geladen wurde. Vor allem junge herausragende Künstler aus dem In- und Ausland gastieren in der zweiten Septemberhälfte auf der ganzen Insel und geben klassische Konzerte.

Leicht und beschwingt: Volkstanz in Wolin

Wer die Insel verläßt und sich in der Umgebung umschaut, wird an mancher interessanten Veranstaltung teilnehmen können: in Greifswald im Mai an der Bachwoche, der ältesten kirchenmusikalischen Veranstaltung im Bundesland Mecklenburg-Vorpommern, und im Juli am Jazz-Evening, das in romantischer Kulisse auf dem historischen Klostergelände Eldena stattfindet. Wolgast lädt am letzten Juni-Wochenende zu den Hafentagen mit Bootskorso, Musik, Tanz und Modenschau.

FEIERTAGE

Im deutschen Teil der Insel: *Neujahr, Karfreitag, Ostermontag,* 1. Mai *(Tag der Arbeit), Himmelfahrt, Pfingstmontag,* 3. Oktober *(Tag der Deutschen Einheit),* 31. Oktober *(Reformationstag), 1. und 2. Weihnachtsfeiertag.*

Im polnischen Teil der Insel: *Neujahr, Ostermontag,* 1. Mai *(Tag der Arbeit),* 3. Mai *(Tag der Verfassung), Fronleichnam,* 15. August *(Mariä Himmelfahrt),* 1. November *(Allerheiligen),* 11. November *(Unabhängigkeitstag), 1. und 2. Weihnachtsfeiertag.*

Wuchtige Bauten aus Backstein

Gotische Kirchen und barocke Schlösser, Landschaftsparks und eine Kaffeemühle

Flach und weiträumig ist das Land im Nordwesten von Vorpommern – von der Eiszeit planiert, von der Peene durchfurcht. Überragt von den Kirchtürmen der beiden Städte, St. Marien und St. Nikolai in Anklam und St. Petri in Wolgast. Jahrhundertelang wiesen sie den Seeleuten den Weg. Heute sind die Kirchen steinerne Zeugen einstigen Reichtums und verflossener Macht und erzählen vom Kunstsinn der Bürger im Mittelalter.

Durch Anklam und Wolgast, den Toren zu Deutschlands zweitgrößter Insel, schieben sich in den Sommermonaten die Autos, drängen sich an Schlechtwettertagen die von der Insel kommenden Touristen auf ihrem Tagesbesuch. Aber schon wenige hundert Meter vor und nach den Stadtgrenzen herrscht wieder Stille zwischen Wiesen, Feldern, Wald und kleinen Dörfern. Die Anklamer Umgebung, eingefaßt von Peene, Tollense und Landgraben, wird oft »Grafenwinkel« genannt, weil die Besitzungen sich meist in »gräflichen Händen« befanden. Schlösser und Herrenhäuser stehen hier besonders viele, aber auch um Wolgast, ehemalige Residenz der pommerschen Herzöge, gibt es etliche davon anzuschauen.

Hanseatische Baukunst auf ihrem Höhepunkt: spätgotisches Giebelhaus in Greifswald

Hotel- und Restaurantpreise

Hotels
Kategorie 1: über 200 Mark
Kategorie 2: 140 bis 200 Mark
Kategorie 3: bis 140 Mark

Die Preise gelten pro Nacht für zwei Personen im Doppelzimmer mit Dusche oder Bad/WC.

Restaurants
Kategorie 1: über 25 Mark
Kategorie 2: 15 bis 25 Mark
Kategorie 3: unter 18 Mark

Die Preise beziehen sich auf ein Hauptgericht ohne Vor- und Nachspeise und ohne Getränke.

ANKLAM

(**U/A6**) Gern schmückt sich Anklam (18 500 Ew.) mit dem Beinamen Lilienthalstadt, wurde doch der berühmte Flugpionier am Peeneufer geboren. 1283 trat Anklam der Hanse bei und umgab sich weiträumig mit der Landwehr, einem System von Wäl-len, Gräben und Warttürmen (15. Jh.). Einer dieser Warttürme steht noch an der B 109 in Richtung Pasewalk. Anklam, dessen Altstadt der Zweite Weltkrieg zu 70 Prozent vernichtete, war und ist Mittelpunkt einer landwirtschaftlich geprägten Region. Die Stadt bildet das südliche Tor zur Insel Usedom.

BESICHTIGUNGEN

Kirchen
Die dreischiffige, backsteinerne *Marienkirche* (13. Jh.) zieren gotische Wandmalereien auf den vierzehn Achteckpfeilern und den Laibungen der Arkadenbögen *(Mo–Fr 10–12, 14–16 Uhr, Marienkirchplatz)*. Zu den zahlreichen im Zweiten Weltkrieg vernichteten Bauwerken gehört die gotische *Nikolaikirche* (14. Jh.), von deren einstiger Pracht selbst die Ruine noch erzählen kann; deutsche Bomben haben im Zweiten Weltkrieg die Backsteinhalle zerstört. *Nikolaikirchplatz*

MUSEEN

Otto-Lilienthal-Museum
★ Biografisch-technisches Museum, das den in Anklam geborenen Flugpionier Otto Lilienthal vorstellt. In einer *neuen gläsernen Ausstellungshalle* werden acht Nachbauten verschiedener Lilienthalflugzeuge in Originalgröße gezeigt. In zwei Ausstellungsbereichen stehen für die Besucher Flugsimulatoren bereit. *Mai–Sept., Di bis Fr 10–17 Uhr, Sa, So 14–17 Uhr, Okt.–April Di–Fr 10–16 Uhr, Sa geschl., So 14–17 Uhr, Ellbogenstr. 1, Tel. 03971/55 00*

Museum Anklam
Stadtgeschichte auf fünf Etagen des 32 m hohen spätgotischen Steintors (Mitte 15. Jh.), des Wahrzeichens der Stadt. Es ist das einzig erhalten gebliebene von einst sechs Stadttoren. Wer

MARCO POLO TIPS FÜR DIE INSELTORE

1. **Otto-Lilienthal-Museum**
Über Leben und Werk des berühmten Flugpioniers (Seite 30)

2. **Petrikirche**
Fabelhafter Blick vom 56 m hohen Turm über Wolgast bis hin zur Insel Usedom (Seite 34)

3. **Heimatmuseum Wolgast**
Freester Fischerteppiche und der nachgebildete Peenemünder Goldschatz (Seite 35)

4. **Greifswald**
Drei Kirchtürme und das Kloster Eldena verführen zum Stadtbesuch (Seite 37)

111 Stufen nach oben gestiegen ist, wird mit einer schönen Aussicht belohnt. *Mai–Sept. Di–Fr 10–17 Uhr, Sa, So 14–17 Uhr, Okt. bis April Di–Fr 10–16 Uhr, So 14 bis 17 Uhr, Schulstr. 1, Tel. 03971/55 03*

RESTAURANTS/CAFÉ

Dabers
Gute Küche, freundliches Ambiente, leider etwas versteckt hinter der Marienkirche. *Mägdestr. 1, Tel. 03971/83 30 50, Kategorie 3*

Lilienthal-Café
✵ Großes Kuchen- und Tortenangebot. *So geschl., Peenstr. 15, Tel. 03971/21 14 70*

Visavis
Café und Bistro, klein und fein. *Am Wall 12, Tel. 03971/21 15 57, Kategorie 3*

Zum Klosterbruder
Usedomer Fischsuppe und leckere Fischgerichte – der Wirt kommt von der Insel Usedom. *Baustr. 7, Tel. 03971/83 24 57, Kategorie 2*

ÜBERNACHTUNG

Hotel Am Stadtwall
Hotel garni mit modernen, großen Zimmern im historischen Gebäude des Warmbades. *18 Zi., Demminer Str. 5, Tel. 03971/83 31 36, Fax 83 31 37, Kategorie 2*

Hotel Auerose
Ein kleines, liebenswertes Hotel 4 km südlich von Anklam (von der B 109 aus zu sehen) am Dorfrand (17 389) Auerose. *16 Zi., Tel. 039726/203 13, Fax 203 14, Kategorie 3*

SPIEL UND SPORT

Vom Flugplatz Otto Lilienthal wird mit viersitzigen Motorflugzeugen zu *Rundflügen* (von 15 Min. bis zu 90 Min.) und vorwiegend in den Morgen- und Abendstunden zu *Ballonfahrten* (Dauer 3–4 Std., davon etwa 1,5 Std. in der Luft) gestartet. *Friedländer Landstr. 18, Tel. 03971/21 00 51*

AM ABEND

Das Programm der *Vorpommerschen Landesbühne Anklam* (Einspartentheater) reicht von Klassik bis plattdeutscher Mundart *(Leipziger Allee 34).* ✵ Diskothek für junge Leute: *Der Club, Friedländer Landstr. 29*

AUSKUNFT

Anklam-Information
Kleiner Wall 11 (am Steintor), 17389 Anklam, Tel. 03971/21 05 41, Fax 83 51 55

ZIELE IN DER UMGEBUNG

Bargischow **(U/B6)**
Napoleons Soldaten sollen 1807 in der hohlen *Linde* vor der Kirche einen Ausschank eingerichtet haben. Deshalb heißt der Baum mit einem Stammumfang von 7 m im Volksmund »Franzosenlinde«. Sein Alter wird auf 500 Jahre geschätzt. Die rechteckige *Feldsteinkirche* in dem Dorf südöstlich von Anklam mit einem mittelalterlichen Altar wurde um 1300 erbaut.

Blücherstein **(O)**
Der Granitstein mit einer Länge von 5,20 m, einer Breite von 4 m und einer Höhe von 3,50 m gehört zu den markantesten Findlingen

Als hätten Riesen ihre Spielsteine vergessen: Wikingergräber von Menzlin

Mecklenburg-Vorpommerns. Bei ihm sei, so die Legende, Gebhard Leberecht von Blücher (1742 bis 1819) im Siebenjährigen Krieg (1756–1763) von den Preußen festgenommen worden. Der spätere preußische Feldmarschall, als »General Vorwärts« in die Geschichte eingegangen, stand damals noch bei den Schweden im Dienst. Der große Findling liegt nördlich von Kavelpaß am Rand einer Kiesgrube, von der B 197 aus gut zu sehen.

Bömitz (U/A5)

Kutschfahrten und Ausritte auf dem Rücken von Pferden bietet das kleine Landhotel Bömitz nördlich von Anklam, das in einem etwa 200 Jahre alten, barocken Gutshaus mit zwei Fachwerkseitenflügeln entstand. In der Jägerstube werden Speisen der Region serviert *(20 Zi., Dorfstr. 14, 17390 Bömitz, Tel. 039724/225 40, Fax 225 41, Kategorie 2)*. Zum traditionellen Dorfbild von Bömitz gehören Störche, die in den feuchten Niederungen der Umgebung reichlich Nahrung finden.

Lassan (112/B5–6)

In der 500 Jahre alten *Wassermühle* wird über die Geschichte des Städtchens (1900 Ew.) informiert. Von der alten Mühlenausstattung hat sich viel erhalten *(Mai–Sept. Mo–Fr 10–12, 13–16 Uhr, Sa 10 bis 12, 14–16 Uhr, So 10–12 Uhr, Mühlenstr. 2a)*. In der *St.-Johannis-Kirche*, deren älteste Teile aus dem 13. Jh. stammen, können der Altaraufsatz und die Kanzel (um 1727) von dem bekannten Stralsunder Künstler Elias Keßler bewundert werden.

Menzlin (U/A6)

Archäologische Grabungen legten 1965–69 im Peenetal südlich des Dorfes Menzlin einen frühgeschichtlichen Siedlungsplatz frei, das sogenannte *Alte Lager*. Im 9. und 10. Jh. war es ein bedeutendes Handwerker- und Kaufmannszentrum von überregionaler Bedeutung an der Via regia

(Königsstraße). Die acht Gräber in symbolischer Schiffsform und elf kreisförmige Steinsetzungen sind einmalig im südlichen Ostseegebiet. *In Ziethen (B 109) in Richtung Gützkow abbiegen, gute Ausschilderung*

Murchin **(U/B5)**
Im Stil stalinistischer Herrschaftsarchitektur entstand das ganz und gar nicht ins Dorfbild passende *Kulturhaus* (1954). ✝ In ihm etablierte sich der Musikpalast *Hyper-Dome.* An den Wochenenden kommen Disko-Fans aus dem gesamten Norden hierher, um für eine Nacht abzuheben.

Südlich des Dorfes erstreckt sich das 40 ha große *Seeholz Murchin,* in dem zahlreiche fremdländische Gehölze wachsen, besonders wertvoll sind Riesentannen aus Nordamerika und Urwaldmammutbäume aus China. In das Wäldchen führt ein Naturlehrpfad (Beginn am südlichen Dorfeingang), nach etwa 12 Min. ist »Schills Scheibenstand« erreicht, wie der Volksmund einen 2 m hohen Stein nennt. Er soll im April 1807 Schießstand für Ferdinand von Schill (1776–1809) und seine Freischar gewesen sein, die sich hier auf den Befreiungskampf gegen Napoleon vorbereiteten.

Spantekow **(O)**
Der legendäre Feldherr Wallenstein warf hier im Dreißigjährigen Krieg das Handtuch: Die *Festung Spantekow* (1558–67) mit ihren 4 m starken Erdwällen erwies sich als uneinnehmbar. Erfolgreicher war der Große Kurfürst 1677: Im brandenburgisch-schwedischen Krieg eroberte er die von den Schweden besetzte Anlage und ließ anschließend im Siegestaumel viele Bauwerke niederreißen. Vom Parkplatz führt eine hölzerne Brücke zur Festungsanlage, die heute in einem beklagenswerten Zustand ist.

Stolpe **(O)**
Das *Kloster Stolpe* war der Ausgangspunkt der Christianisierung Vorpommerns. Von dem 1553 säkularisierten und im Dreißigjährigen Krieg zerstörten Kloster steht noch der Turmunterbau der romanischen Klosterkirche (um 1180). Das reetgedeckte historische Gasthaus *Stolper Fährkrug (Di geschl., Dorfstr. 25, Tel. 039721/52225, Kategorie 3)* wurde um 1800 am Peeneufer erbaut. In dem Haus war Mecklenburgs Nationaldichter Fritz Reuter mehrmals zu Gast. Wenige Schritte entfernt steht als technisches Denkmal die alte *Laubenschmiede.* 1975/76 wurden im nahen Peenetalmoor wieder die hier vor über 200 Jahren ausgestorbenen Elbebiber angesiedelt. Eine denkmalgeschützte Gutsanlage im englischen Landhausstil wurde zum *Hotel & Restaurant Gutshaus Stolpe,* in dem exzellent gekocht wird. *17 Zi., Dorfstr. 37, 17391 Stolpe, Tel. 039721/5500, Fax 5509955, Hotel Kategorie 2, Restaurant Kategorie 1*

Veste Landskron **(O)**
Vorpommerns malerischste *Burgruine.* Romantisch hinter Eichen und Eschen verstecken sich die Reste der Veste (1576–79), die ab 1700 verfiel. Die mächtigen Eichen mit einem Stammumfang von 4,50 m dürften so alt wie die Ruinen sein. *Von Janow führt ein 2,5 km langer, baumbestandener Weg zu der Anlage.*

WOLGAST

(108/B–C4) Usedom ist über zwei Brücken mit Wolgast (16 500 Ew.) verbunden; die Stadt bildet das nördliche Tor zur Insel. Wer einen Blick in die Stadtgeschichte werfen möchte, aber keine Zeit für das Heimatmuseum findet: Am Brunnen (1936) vor dem Rathaus sind auf zehn Bildern bedeutende Ereignisse dargestellt. Wolgast hatte seine Glanzzeit im 18. und 19. Jh., als die Schiffe der Stadt über die Weltmeere segelten. Der Hafen bot bis zu 70 Segelschiffen Platz. Die barocken Kaufmannshäuser mit großen Lagerböden in der Burgstraße künden von diesen Zeiten. Beim Bummel durch die Stadt am Peenestrom, deren schachbrettartiger Grundriß seit dem Mittelalter nahezu unverändert blieb, werden Sie viele schöne Bauten entdecken, einige von ihnen mit prachtvollen Haustüren.

BESICHTIGUNGEN

Gertrudenkapelle

Wer die um 1400 errichtete Hospitalkirche nur von außen betrachtet, mag es kaum glauben, ein architektonisches Kleinod vor sich zu haben. Deshalb ist der Blick ins Innere unerläßlich: Von einem Rundpfeiler aus entfaltet sich aus zwölf Gewölbegurten ein prachtvolles Sternengewölbe. *Chausseestraße*

Homeyer-Speicher

Der gewaltige, nach dem Bauherrn benannte Speicher am Hafen steht auf 99 in die Erde gerammten Eichenpfählen. Mit einer Kapazität von 5000 t ist das 80 m lange und 18 m breite Gebäude der größte erhaltene Speicher in Mecklenburg-Vorpommern und der letzte große Fachwerkbau Norddeutschlands. Er entstand 1836, nachdem Wolgast zu einem bedeutenden Getreidehafen im Ostseeraum geworden war. Sorgfältig restauriert wurde ein alter Speicher auf der Schloßinsel, in den u. a. eine Schauseilerei zog.

Petrikirche

★ Gewaltiger, 600 Jahre alter spätgotischer Backsteinbau. Um die Innenwände des Kirchenschiffs zieht sich der aus 24 Bildern bestehende Totentanz-Zyklus, eine kunstgeschichtlich bedeutende freie Kopie (1698 bis 1700) des berühmten Holzschnittes von Hans Holbein d. J. (1497/98–1543). Die Gruft der Pommernherzöge mit den Prunksarkophagen ist seit kurzem wieder zugänglich. *Kirchenbesichtigung und Besteigen des 56 m hohen Turmes (über 184 Stufen) tgl. 10.30–12 Uhr, 13.30–15 Uhr*

Rathausplatz

Das Rathaus haben die Wolgaster jünger gemacht, als es ist: 1724–28 setzten sie dem Bau aus dem Mittelalter eine Barockfassade vor. Die Häuser am Rathausplatz stehen unter Denkmalschutz, auch das jüngste, das im Bauhaus-Stil 1932 errichtete Bankgebäude.

Tierpark Tannenkamp

Etwa 400 Tiere tummeln sich auf dem Gelände. Anziehungspunkt: der Affenkäfig. *Mai bis Sept. 9–18 Uhr, Okt.–April tgl. 9 bis 16 Uhr, Tannenkampweg, Tel. 03971/60 24 31*

MUSEEN

Heimatmuseum
★ Kaffeemühle nennen die Wolgaster ihr Museum wegen der eigenwilligen Form. Informationen über Heimatgeschichte und Fischerteppiche. Der Peenemünder Goldschatz ist eine Nachbildung. *Di–Fr 10–18 Uhr, Sa, So 10–14 Uhr, Sept.–Mai Di–Fr 10 bis 17 Uhr, Sa 10–14 Uhr. Rathausplatz 6, Tel. 03836/20 30 41*

Museumshafen
Der Name übertreibt: Vertäut ist bis jetzt lediglich das 1890 erbaute Eisenbahnfährschiff *Stralsund. Juni–Aug. Di–Fr 10–18 Uhr, Sa, So 10–14 Uhr, Sept.–Mai Di–Fr 10–17 Uhr, Sa 10–14 Uhr*

Philipp-Otto-Runge-Haus
Das Geburtshaus des romantischen Malers bietet die Simulation der Rungeschen Farbkugeln und eine Infobörse mit Computern; kleine Besucher haben Gelegenheit, sich in Scherenschnitten zu probieren. *Di–Fr 10–18 Uhr, Sa, So 10–14 Uhr, Sept.–Mai Di–Fr 10–17 Uhr, Sa 10–14 Uhr, Kronwiekstr. 45, Tel. 03836/20 30 41*

RESTAURANTS/CAFÉ

Alter Speicher
Maritimes Restaurant mit stets frischem Fisch. *Hafenstr. 4, Tel. 03836/205994, Kategorie 2*

Conditorei & Café Biedenweg
Kuchen und Eis schmecken vorzüglich. *So geschl., Lange Str. 15, Tel. 03836/20 23 72*

Ratskeller
Italienische und deutsche Küche in historischem Gewölbe. Weine aus sächsischem Anbau um Meißen. *Rathausplatz, Tel. 03836/ 20 26 73, Kategorie 2*

Mit einer Seilwinde gelangten die Waren in den Speichergiebel

ÜBERNACHTUNG

Hotel Kirschstein
Gemütliches, neuerbautes Hotel garni mit 12 zweckmäßig eingerichteten Zimmern. *Schützenstr. 25, Tel. 03836/272 20, Fax 27 22 50, Kategorie 3*

Hotel Zur Insel
Mittelklassehotel, bereits auf der Insel Usedom liegend an der B 111. *25 Zi., Straße der Freundschaft 54, Tel. 03836/20 10 77, Fax 20 20 75, Kategorie 2*

Pension Peenebrücke
18 Zimmer und Apartments im Stadtzentrum. *Burgstr. 2, Tel. 03836/ 272 60, Fax 27 26 99, Kategorie 2*

AUSKUNFT

Wolgast-Information
Rathausplatz 6, 17438 Wolgast, Tel./Fax 03836/60 01 18

ZIELE IN DER UMGEBUNG

Freest **(106/A5)**
Das Dorf gilt als die Wiege der Fischerteppiche, »Perser der Ostsee« genannt. Schöne Exemplare aus den 30er und 40er Jahren zeigt die *Heimatstube* im ehemaligen Zollhaus *(letztes Haus in Richtung Spandowerhagen, Di–Fr 9.30–11.30, 13.30 bis 16 Uhr, Sa, So 13.30–16.30 Uhr, Tel. 038370/203 39)*. Z. Zt. sind Fischerteppiche nur in der Freester Heimatstube zu kaufen. Handgemalte Teppichmotive zieren die Decke im Saal der Gaststätte *An der Waterkant 36 (Mo geschl., Dorfstr. 47, Tel. 038370/202 91, Kategorie 3)*. Gemütlich die Gaststätte *Sturmvogel*, ein ausgemustertes Ausflugsschiff am Seglerhafen *(Di geschl., Kategorie 3)*. Etwa 20 Kutter fahren tgl. zum Fischen aufs Meer und in die Boddengewässer; was sie anlanden, steht mit Kreide auf schwarzen Tafeln im Hafen angeschrieben. Fisch frisch aus dem Rauch verkauft die denkmalgeschützte Räucherei *Robert Thurow, Dorfstr. 49, Do geschl.*

Bürgerhäuser und barocke Turmhaube des Doms in Greifswald

Greifswald **(O)**
★ Die Türme von drei gotischen Gotteshäusern bestimmen die Stadtsilhouette: der *kleine Jakob* (St. Jakob), die *dicke Marie* (St. Marien) und der *lange Nikolaus* (Dom St. Nikolaus). Die drei Backsteinkirchen, die sehr nah beieinander stehen, spiegeln den beträchtlichen Wohlstand der Stadt zur Blütezeit der Hanse. Mit seinen Gemälden machte Caspar David Friedrich die *Klosterruine Eldena* über die Landesgrenzen hinaus bekannt. Als gute Stube der Stadt gilt der *Marktplatz,* den Bürgerhäuser aus Gotik, Renaissance und Barock säumen. Über die reiche Stadtgeschichte informiert das *Stadtmuseum (Mi–So 10–18 Uhr, Theodor-Pyl-Str. 1–2, Tel. 03834/27 20).* Gute gastronomische Adressen sind: *Alter Speicher, Rosmühlenstr. 25, Tel. 03834/29 74, Kategorie 1,* und die urige *Kneipe Fischerhütte* an der *Wiecker Klappbrücke, Tel. 03834/84 24 94, Kategorie 2.* Komfort bietet das *Dorint Hotel Greifswald, 122 Zi., Am Gorzberg, 17489 Greifswald, Tel. 03834/ 54 40, Fax 54 44 44, Kategorie 2.*

Karlsburg **(U/A5)**
Das bedeutende *Barockschloß* (1732–39) steht am Rande eines großen Landschaftsparks mit herrlichen Baumgruppen. Schloß Karlsburg beherbergt ein Klinikum für Diabetes- und Stoffwechselerkrankungen; der Park ist allen zugänglich. In den Barocksaal des Schlosses wird in den Sommermonaten zu Konzerten eingeladen.

Katzow **(U/A4)**
In der weiten, hügeligen Wiesenlandschaft zwischen Katzow und Pritzier entstand Pommerns *Skulpturenpark.* 1991 wurde das erste Kunstwerk aufgestellt, mittlerweile sind es über 40 Arbeiten aus Metall, Holz und Kunststoff. Geschaffen wurden sie bei Sommerworkshops von Künstlern aus Taiwan, den USA, Deutschland, Polen und anderen Ländern. Himmlische Ruhe umgibt den Gast im *Landhotel Adebar* mit Restaurant und Sauna, Solarium, Whirlpool. *9 Zi., Restaurant ab 21 Uhr geschl., Dorfstr. 24, 17509 Katzow, Tel. 038373/25 00, Fax 250 93, Kategorie 2*

Lubmin **(U/A2)**
Ferienort am Greifswalder Bodden am Rand eines großen Kiefernwaldes: schöner, feiner Strand, *Promenade* und eine 350 m lange *Seebrücke,* an der Schiffe nach Göhren und Binz auf Rügen und nach Zinnowitz auf Usedom abfahren. Von der Brücke kann man bis nach Rügen schauen. Geschmackvoll eingerichtete Zimmer und eine gute Küche bietet das neue Hotel *Seebrücke, 12 Zi., Waldstr. 5a, 17509 Lubmin, Tel. 038354/35 30, Fax 353 50, Kategorie 2.*

Wrangelsburg **(O)**
Das *Schloß,* heute als Kinderheim genutzt, ließ sich der legendäre Feldmarschall des Dreißigjährigen Krieges und Generalgouverneur Schwedens für Pommern, Carl Gustav Wrangel, erbauen. Sein heutiges Aussehen bekam es um 1880. Zeitgleich mit dem Schloß wurde der *Park* angelegt, der in nördlicher Richtung nahtlos in den Karbower Buchen- und Mischwald übergeht, zu dem der Forstgarten bei Jägerhof gehört.

Sandstrand vom Feinsten

Über 150 Jahre Badekultur an der pommerschen Riviera

Für alle Badeorte Usedoms trifft gleichermaßen zu: ein makelloser, steinfreier Sandstrand. 38 Kilometer zieht er sich als weißes Band hin von Karlshagen im Nordwesten bis Ahlbeck im Südosten. Ein Paradies für Sonnenanbeter! Dahinter Dünen oder Steilküste, Seen und üppiger Wald. Die Natur hat Usedoms Badeorte reichlich gesegnet. In Zempin, Koserow und Ückeritz, deren alte Ortskerne sich dem Achterwasser zuwenden, erweckt die Fischerdorfatmosphäre häufig romantische Gefühle. Ruhe und Beschaulichkeit strahlen auch Karlshagen und Trassenheide im herben Nordwestteil aus. Ganz anders ist der Urlaubsalltag in Zinnowitz, Bansin, Heringsdorf, Ahlbeck: Promenadenbummel und Kurkonzert, Caféhausbesuch und Tennismatch – das Motto vieler ist Sehen und Gesehenwerden. Herrschaftliche Villen, Pensionen und Hotels mit architektonischem Prunk säumen die Strandpromenade, die 8 km lang von Bansin über Heringsdorf nach Ahlbeck führt und die drei Orte zu einem einzigen Bade- und Erholungszentrum verbindet. »Die Kaiserlichen Drei« nennen sie sich in Erinnerung an ihre große Vergangenheit. In Ahlbeck steht Usedoms berühmtestes Bauwerk – im Wasser: das hölzerne Seebrückengebäude auf Stelzen.

Ahlbecks wunderschöner Sandstrand

AHLBECK

☛ Stadtplan in der hinteren Umschlagklappe

(120/C2) Usedoms größter Badeort (4 500 Ew.) hat städtischen Charakter. Von der Seebrücke bietet sich Ihnen ein fabelhafter Blick über den weißen, breiten Sandstrand zu den Hotels und Pensionen an der Promenade, hinter Bäumen gut versteckt. Der Weg führt westwärts nach Heringsdorf, ostwärts geht er in den Dünenwald über. Wenn der Wind günstig steht, vermischt sich das Meeresrauschen mit den Klängen der Kurkapelle. Nicht wenige der Hotels und Pensionen im Stil der Bäderarchitektur stammen aus Ahlbecks großer Zeit vor dem Zweiten Weltkrieg, als die Berliner scharenweise mit dem Zug anreisten. Ein mondäner Badeort wollte Ahlbeck nie sein, im Seebadeprospekt von 1911 präsentierte es sich als »deutsches Volksbad«, in dem sich alle »von fürstlichen Persönlichkeiten bis zur armen Näherin gleichermaßen erholen können«. Diesen Ruf wiederzuerlangen, bemüht sich Ahlbeck seit der Einheit Deutschlands, und das mit Erfolg.

BESICHTIGUNGEN

Bäderarchitektur
In der Dünen-, Stresemann- und Goethestraße sind viele dieser Villen, Pensionen und mehrstöckigen Häuser zu finden, besonders schön: *Bismarckstr. 1–2, Goethestr. 1, 11 und Seestr. 15*

Kaiser-Wilhelm-Kinderheim
Bungalowähnliche Holzanlage, die 1913 durch eine Stiftung Kaiser Wilhelms II. eröffnet werden konnte. Von Mai bis Okt. erholten sich in ihr jährlich rund 900 Großstadtkinder. Die Anlage steht unter Denkmalschutz und blieb dadurch im wesentlichen unverändert erhalten. Heute wird sie als Jugendferienpark genutzt. *Dünenstr. 2*

Kirche
Mit reichen Architekturdetails und stattlichem Westturm versehener, neugotischer Bau (1894/95). Die Glasfenster zeigen florale Elemente und Evangelistensymbole. *Kurparkstr. 2*

Seebrückengebäude
Das einzige historische Bauwerk dieser Art (1898), das an der Ostseeküste Mecklenburg-Vorpommerns erhalten blieb. Das hölzerne Gaststättengebäude mit vier kurzen Türmchen bekam sein heutiges Aussehen Anfang der 30er Jahre. Der 280 m lange Landungssteg stammt aus dem Jahr 1993, den Vorgänger hatten Eismassen im strengen Winter 1941/42 zerstört. Die gußeiserne Jugendstiluhr (1911) auf der Promenade ist das Geschenk eines betuchten Kurgastes.

MARCO POLO TIPS FÜR DIE BADEORTE

1 **Erlebnisbad Ostseetherme**
Badespaß nicht nur an Schlechtwettertagen für jung und alt (Seite 42)

2 **Seebrücke Heringsdorf**
Mit 508 m die längste Kontinentaleuropas (Seite 46)

3 **Atlantic Pub**
Tolle Stimmung am späten Abend, Ambiente wie zur See (Seite 44)

4 **Bäderarchitektur**
Prachtvolle Bauten aus der Kaiserzeit in Heringsdorf (Seite 46)

5 **Atelier Otto Niemeyer-Holstein**
Das skurrile Zuhause eines Malers am Achterwasser (Seite 16 und 52)

6 **Halbinsel Gnitz**
Entdeckungsreise in eine zauberhafte Landschaft (Seite 60)

Kaiserzeitflair verbreiten viele in der wilhelminischen Zeit entstandene Villen

MUSEUM

Heimatstube
Orts- und Heimatgeschichte in einem 150 Jahre alten, reetgedeckten Fischerhaus. Besonders interessant: das zerlegbare Modell des Seebrückengebäudes, an dem seine baugeschichtliche Entwicklung demonstriert wird. *Di bis Sa 10–12 Uhr, Do 14–16 Uhr, Talstr. 11, Tel. über 038378/319 55 (Kurverwaltung)*

RESTAURANTS/CAFÉS

Le Brasserie
Sie wählen sich den fangfrischen Fisch selbst aus, der vor Ihren Augen auf dem Lavastein gegrillt wird. *Dünenstr. 47 (im Ahlbecker Hof), Tel. 038378/620, Kategorie 2*

Galerie-Café
Rundum an den Wänden Bilder des heimischen Malers Volker Köpp, die Sie kaufen können, ebenso natürlich Kaffee und Kuchen. *Mi geschl., Kirchenstr. 9, Tel. 038378/313 65*

La Mer
Wer gut essen möchte und es sich preislich leisten kann, fährt mit dem gläsernen Außenaufzug ins Panoramarestaurant des Strandhotels. Platzreservierung in der Saison erforderlich, oft Live-Musik. *Dünenstr. 19–21, Tel. 038378/520, Kategorie 1*

Seebrücke
Essen und trinken über den Ostseewellen – das ist hier das wichtigste. *Tel. 038378/283 20, Kategorie 2*

EINKAUFEN

Ahlbecks Geschäfte konzentrieren sich in der Seestraße. In der Strandstr./Ecke Kaiserstr. bietet *Petras Schmuckkästchen* Bernsteinschmuck. Frischen und geräucherten Fisch bekommen Sie bei den *Fischern* östlich und westlich der Seebrücke und bei *Werner Reimer, Seestr. 12.*

ÜBERNACHTUNG

Romantik Seehotel Ahlbecker Hof
Das Spitzenhotel der Insel! Anspruchsvolle Gäste finden in Top-Lage 48 Zimmer und Suiten sowie einen phantastischen *Wellnessbereich* mit Hallenbad, Blütengrotte, Dampfbad und vielem mehr. *Dünenstr. 47, Tel. 038378/620, Fax 621 00, Kategorie 1*

Hotel garni Eden
Besonders bei Familien mit Kindern beliebtes Haus. *31 Zi., Goethestr. 2, Tel. 038378/23 80, Fax 304 70, Kategorie 2*

Ostseehotel Ahlbeck
Direkt an der Strandpromenade nahe der Seebrücke. Im Wintergartenrestaurant wird eine gute Küche serviert. Im benachbarten *Strandschloß* 1- und 2-Zimmer-Apartments. *54 Zi. und Apartments, Dünenstr. 41, Tel. 038378/600, Fax 601 00, Kategorie 1–2*

Strandhotel
In der Jugendstilvilla Gastronomie und Apartments, im Neubau die Zimmer. Mit Schwimmbad. *119 Zi. und Apartments, Dünenstr. 19–21, Tel. 038378/520, Fax 301 01, Kategorie 2*

Villa Auguste Viktoria
Die stilvoll renovierte Villa wurde 1900 für Kaiserin Auguste Viktoria erbaut. *16 Zi., Bismarckstr. 1–2, Tel. 038378/24 10, Fax 241 44, Kategorie 1–2*

Villa Strandrose
Angenehmes, kleines Haus an der Strandpromenade. *17 Zi., Dünenstr. 18, Tel. 038378/281 82, Fax 281 94, Kategorie 2*

STRAND UND SPORT

70 m breiter, flach ins Meer verlaufender, 3,5 km langer Sandstrand. Der FKK-Teil erstreckt sich in Richtung polnische Grenze, dort ist auch der Hundestrand. *Tennis* (Flutlicht) auf 8 Plätzen an der Straße nach Korswandt und *Minigolf* an der Strandpromenade. An der Grenze zu Heringsdorf bietet das für rund 35 Mio. Mark errichtete ★ *Erlebnisbad Ostseetherme* Badespaß. Unter einer Glaskuppel befinden sich sechs verschiedene Schwimmbecken, Grottenrutsche, römisches Dampfbad, Wasserfälle sowie Luftsprudelbecken, Solarien und vieles mehr. Aus 408 m Tiefe kommt die Jodsole, mit der in der Kurabteilung Erkrankungen der Haut und der Atemwege behandelt werden können. *Mo, Fr 10 bis 22 Uhr, Di, Mi, Sa 10–21 Uhr, Do 12–21 Uhr, So 10–19 Uhr*

AM ABEND

Viele Veranstaltungen sind in den Sommermonaten auf dem *Konzertplatz.* In der *Kirche (Kurparkstr. 2, Mi und Fr 20 Uhr)* Kirchenmusik bzw. Vorträge. 🯅 Treff für junge Leute von ganz Usedom: Disko im *Haus der Erlebnisse (Dünenstr. 37).* Monatlich erscheint gemeinsam mit Heringsdorf und Bansin ein Veranstaltungskalender mit allen Terminen.

AUSKUNFT

Kurverwaltung
Dünenstr. 45, 17419 Ostseeheilbad Ahlbeck, Tel. 038378/244 14, Fax 244 18

ZIEL IN DER UMGEBUNG

Korswandt **(120/B3)**
Bewaldete Höhenzüge betten den Wolgastsee ein. An seinem Westufer, in dem stillen Dorf Korswandt (600 Ew.), werden Ruder- und Tretboote vermietet. Eine bewährte, gute Adresse: das *Hotel-Restaurant Idyll am Wolgastsee. 19 Zi., Hauptstr. 9, 17419 Korswandt, Tel. 038378/221 16, Fax 225 46, Kategorie 2*

BANSIN

☛ **Stadtplan in der hinteren Umschlagklappe**
(**115/F4**) Hübsche Pensionen, kleine Hotels und adrette Villen prägen das Gesicht von Bansin (2800 Ew.). Fast alle entstanden sie unweit oder direkt an der Strandpromenade mit der Seebrücke von 1994, auf der man 285 m weit aufs Meer hinausspazieren kann. Bansin war nie ein Fischer- oder Bauerndorf, sondern von Anfang an ein Ferienort. Schon 1911 hatte Bansin Anschluß an die Inselbahn, und seine Bergstraße wurde zur Prachtstraße. Als gemütliches Familienbad bezeichnet sich Bansin gern, und das ist es in der Tat. Der Mischwald, der an heißen Sommertagen angenehme Kühle spendet, zieht sich wie auch der Schloonsee in den Ort hinein.

BESICHTIGUNGEN

Bäderarchitektur
Die schönsten Häuser sehen Sie an der *Strandpromenade* und der dahinter parallel verlaufenden *Bergstraße.*

Tropenhaus
Exotische Pflanzen und Tiere. *Tgl. 10–18 Uhr, Goethestr./Ecke Kirchstr., Tel. 038378/25 40*

Anders als die übrigen Badeorte ist Bansin nie ein Fischerdorf gewesen

MUSEUM

Gedenkatelier Rolf Werner
Vierzig Jahre lang hat Rolf Werner in Bansin gelebt und gemalt, vor allem Landschaften Usedoms. Wohnhaus und Atelier des Künstlers wurden Gedenkstätte. *Führungen tgl. 11 Uhr, Di, Do, Sa, So auch 14.30 und 18 Uhr, Seestr. 60, Tel. 038378/292 28*

CAFÉ

Café am Gothensee
Kaffee, Kuchen und als kostenlose Zugabe ein wunderbarer Blick auf den Gothensee. *Tgl. ab 14 Uhr, Alt Sallenthin 21, Tel. 038378/314 80*

ÜBERNACHTUNG

Forsthaus Langenberg
Rustikales Ferienhotel mitten im Buchenwald am Steilufer, 1,5 km vom westlichen Ende der Strandpromenade entfernt. Bei Hundebesitzern beliebt. *34 Zi., Tel. 038378/291 01, Fax 291 02, Kategorie 2*

Hotel zur Post
Familiengeführtes, vollständig renoviertes Haus, 150 m bis zum Strand. *60 Zi., Seestr. 5, Tel. 038378/560, Fax 562 20, Kategorie 2*

Hotel Villa Ingeborg
Solides Haus in guter Lage, 100 m bis zum Strand. *34 Zi., Bergstr. 25/26, Tel. 038378/292 47, Fax 294 60, Kategorie 2*

Strandhotel Atlantic
Eine Perle in Toplage, geschätzt von anspruchsvollen Gästen; zwei Kegelbahnen, aber leider kein Aufzug. *26 Zi., Strandpromenade 18, Tel. 038378/605, Fax 606 00, Kategorie 1*

STRAND UND SPORT

1,3 km langer und bis zu 60 m breiter herrlicher Sandstrand. Für FKK-Anhänger ein etwa 1 km langer Abschnitt in Richtung Langer Berg, der Hundestrand in Richtung Heringsdorf am Kanal. Verleih von Ruderbooten, Wassertretern, Motorbooten am Strand, drei Tennisplätze im Buchenpark.

AM ABEND

Kulturelle Veranstaltungen in der *Konzertmuschel* an der Strandpromenade. In der *Waldkirche* (1938–39) Kirchenmusik oder Vorträge *(Gothenweg 1)*. Monatlich gibt die Kurverwaltung einen Veranstaltungsplan heraus.

Atlantic Pub
★ ✪ ☆ Klönen wie im Schiffsbauch; tolles maritimes Ambiente mit Steuerhaus und Sonnendeck; originale Tür einer Knastzelle. Das Bierangebot kommt aus fünf europäischen Ländern und Amerika. *Tgl. ab 18 Uhr, Strandpromenade 18 (Eingang Bergstr.), Tel. 038378/606 50*

AUSKUNFT

Kurverwaltung
Haus des Gastes (an der Seebrücke), 17429 Ostseeheilbad Bansin, Tel. 038378/470 50, Fax 47 05 05

ZIELE IN DER UMGEBUNG

Gothensee **(120/A–B 1–3)**
Mit 600 ha der größte See auf der Insel. Der *Wanderweg* um den un-

ter Naturschutz stehenden Gothensee beginnt in Bansin am Bahnhof, er führt durch Reetzow und Korswandt, ist 18,9 km lang und mit waagerechten, grünen Balken markiert. Am Ufer brüten Wildgänse, Schwäne und Graureiher, auch Kraniche und hin und wieder Seeadler sind zu beobachten. Der Fischotter ist in dem Naturschutzgebiet ebenfalls zu Hause.

Großer Krebssee (120/A1)
Auf dem Großen Krebssee darf gerudert und gesegelt werden, die *Bootsvermietung* befindet sich am Ostufer in Neu Sallenthin. Seit Jahrzehnten ein beliebtes Wanderziel: das *Forsthaus Fangel* nahe dem Großen Krebssee. Das einfache, von Wald umgebene Gasthaus bietet Kaffee und hausgemachten Kuchen an. *Geöffnet von Karfreitag bis Mitte Okt., Tel. 038378/32253*

Mümmelkensee (115/E3)
Verschwiegener Moorsee mitten im Wald, 2 km nordwestlich von Bansin. Zum See führt ein Naturlehrpfad, der in Bansin etwa 150 m hinter dem Sportplatz beginnt; er ist mit grünen, diagonalen Balken markiert. Im Sommer schmückt sich der See mit gelben Teichrosen, *Mummel* hierzulande genannt, in der Verkleinerungsform *Mümmelken.* Graugans und Kranich brüten in dem Waldgebiet, der Eisvogel jagt hier, die Europäische Sumpfschildkröte soll auch schon gesehen worden sein. Besonders zahlreich kommen Schwarz- und Damwild vor.
Der Naturlehrpfad führt vom See weiter zum Kamm des Langen Berges und endet am Kliff.

HERINGSDORF

Stadtplan in der hinteren Umschlagklappe

(120/B–C1) »Nizza des Ostens« wurde Heringsdorf einst genannt, denn bis zum Zweiten Weltkrieg war es das Modebad der deutschen Aristokratie und Finanzwelt. Kaiserzeitflair verbreiten in unseren Tagen noch viele Hotels und Pensionen, die in der wilhelminischen Zeit entstanden sind. Gleichzeitig präsentieren sie nach den Modernisierungen in den letzten Jahren den heute gewünschten unerlässlichen Hotelkomfort. Somit wird Heringsdorf wieder zum Nobelbad auf Usedom.

Fast jedes der eleganten Häuser hat eine interessante Geschichte, so die *Villa Staudt (Delbrückstr. 7).* In ihr weilte mehrfach Kaiser Wilhelm II. zu Besuch bei der verwitweten Konsulsgattin Elisabeth Staudt; später eignete sich die SED das prachtvolle Haus an und nannte es »Wilhelm-Pieck-Heim«. Auch die Sowjets wußten, wo es schön ist: Große Teile von Heringsdorf umgaben sie nach dem Zweiten Weltkrieg mit einem hohen Zaun und nutzten die Pensionen und Hotels als Sanatorien. Zurück ließen sie das im Stil der Stalinzeit errichtete Kulturhaus, das in das *Forum Usedom* integriert wurde. Hier wird im Kursaal zu kulturellen und gesellschaftlichen Veranstaltungen geladen. Im ersten Spielkasino von Mecklenburg-Vorpommern rollen die Glückskugeln auf den Roulette-Tischen. Auch als Kurbad besitzt Heringsdorf (3700 Ew.) einen guten Ruf, eine vierprozentige, jodhaltige Sole bringt Bronchial- und Asthmakranken Linderung.

BESICHTIGUNGEN

Bäderarchitektur

★ Zu Kaisers Zeiten, zwischen 1890 und 1914, entstanden viele der Hotels, Pensionen und Villen. Besonders schön anzuschauen: die 1883 im griechisch-römischen Stil erbaute Villa des jüdischen Bankiers Oechsler *(Delbrückstr. 5)*, das nach dem Vorbild palladianischer Villen erbaute Haus Oppenheim *(Delbrückstr. 10)* und die 1890 für den Bankier Bleichröder errichtete Villa Diana *(Delbrückstr. 14)*. Weitere sehenswerte Häuser stehen in der *Maxim-Gorki-, Kulm-, Bülow- und Friedensstraße.*

Kirche

Anfang des 19. Jhs. sammelten die Heringsdorfer sechs Jahre für den Bau einer Kirche, doch was zusammenkam, reichte nur für den Turm. Erst als Preußenkönig Friedrich Wilhelm IV. die Spendenbüchse füllte, konnte die Kirche 1848 entstehen – so, wie sie Seine Majestät als Gegenleistung für die Geldspende gewünscht hatte: neugotisch, mit vielen baukünstlerisch reizvollen Details, entworfen vom Berliner Königlichen Hofbaumeister Ludwig Persius.

Kunstpavillon

Verkaufsausstellungen bildender und angewandter Kunst. Der architektonisch interessante, gläserne Rundbau wurde 1973 auf der *Westpromenade (in Richtung Bansin)* eröffnet. *Mai–Sept. Di–So 10–18 Uhr*

Seebrücke

★ Mit 508 m die längste Seebrücke Kontinentaleuropas. Ins Landgebäude zogen Kunstgalerie, Muschelmuseum, Kino, Café, Restaurant, Nachtbar, Fitneßcenter sowie zahlreiche Geschäfte, im Brückenkopf fand ein Restaurant Platz. Die Brückenanlage gilt als die prachtvollste der gesamten Ostseeküste; das war sie auch bis 1958, als durch Brandstiftung das gesamte Bauwerk zerstört worden ist.

Sternwarte »Manfred von Ardenne«

Ein Geschenk des Dresdner Wissenschaftlers, der die Sauerstoff-Mehrschritt-Therapie entwickelte und in den 60er und 70er Jahren zu Heringsdorfs treuen Sommergästen zählte. *Beobachtungen bei klarem Himmel an unterschiedlichen Tagen und Uhrzeiten. Strandpromenade (in den Dünen neben dem Sportplatz)*

Storchenpark

Ein kleiner Platz mit Bäumen, Bänken und Informationen über den Weißstorch. Von der Grünanlage kann gut der Horst auf dem schräg gegenüberliegenden Haus beobachtet werden. Hinweisschilder verzeichnen alle Storchenankünfte und -abflüge seit 1963 und interessante Begebenheiten. *Im 2 km entfernten Ortsteil Gothen (von der B 111 über den Setheweg zu erreichen)*

MUSEEN

Muschelmuseum

Populärwissenschaftliche Informationen über das Leben im Meer, rund 3000 Muscheln, Schnecken und Korallen in ansprechender Präsentation. *Mai bis Sept. tgl. 9–20 Uhr, Okt.–April tgl. 10–16 Uhr, auf der Seebrücke*

Museum Villa Irmgard
Museum für Literatur- und Regionalgeschichte. 1922 wohnte hier der russische Dichter Maxim Gorki und arbeitete im bis heute unverändert gebliebenen »arabischen Zimmer«. In diesem bewahrte der weitgereiste Villenbesitzer seine Reiseandenken aus dem Orient und aus Afrika auf. Schon seit 1948 ist die Villa Gorki-Gedenkstätte. *Mai–Sept. Di–So 10–18, Okt.–April Di–So 10–12, 13–16 Uhr, Maxim-Gorki-Str. 13, Tel. 038378/223 61*

RESTAURANTS/CAFÉS

Café Linde
Angenehme Atmosphäre, abseits vom Zentrum und deshalb nicht so sehr überlaufen. *Okt.–April Mi geschl., Triftstraße 7a, Tel. 038378/311 89*

Des Kaisers Pavillon
Das Essen ist nicht bemerkenswert, aber gönnen Sie sich einen Kaffee oder ein Bier, denn in dem Restaurant mit seiner verspielten Innenausstattung sollte man gesessen haben! 1911 wurde der Holzbau als »Salchows Weinstuben« eröffnet, 1936 zum Kino umgebaut. 1991 entsann man sich der Vergangenheit und verwandelte das Gebäude wieder in einen gastronomischen Betrieb. *Brunnenstr. 1, Tel. 038378/227 45, Kategorie 2*

Dodis Pommernstube
Vor allem Fischspezialitäten. *Delbrückstr. 1–2, Tel. 038378/828 68, Kategorie 2*

Eis-Villa Stein
Hier soll es das beste Eis von Usedom geben. *Geöffnet Ostern bis Ende Okt., Kulmstr. 4*

Forsthaus Wildpark
Große Terrasse mit schönem Waldblick; Wildgerichte. *Im Wildpark (mit dem Pkw von Ahlbeck aus über den Gothenweg zu erreichen), Mo Ruhetag, Tel. 038378/281 49, Kategorie 2*

Poseidon
Heimische Produkte, vor allem Fisch, kombiniert mit französischer Tradition. *Strandpromenade (im Hotel Oasis), Tel. 038378/26 50, Kategorie 1*

EINKAUFEN

22 Geschäfte laden in einer glasüberdachten *Passage auf der Seebrücke* zum Einkaufsbummel. Im Landgebäude auf der rechten Seite verkauft das Muschelmuseum eine große Auswahl maritimer Souvenirs.

ÜBERNACHTUNG

Haus Flora
Kinderfreundliche Pension, große Gartenanlage, 5 Min. bis zum Strand. *15 Zi., Kirchsteig 2 (Zufahrt über die Kulmstr.), Tel./Fax 038378/228 05, Kategorie 2–3*

Hotel Oasis
Freier Ostseeblick, kein Autolärm, 18 Zimmer im Jugendstil. Die Villa, einst Sommerresidenz von Bankiers, steht auf einem 13 000 m² großen Grundstück. *Strandpromenade (Anfahrt über die Puschkinstr. 10), Tel. 038378/26 50, Fax 265 99, Kategorie 1*

Hotel Weißes Schloß
Geschichtsträchtiges, kleines Hotel mit eleganter Ausstattung in parkähnlicher Anlage; gutes Restaurant (ab 17 Uhr geöffnet).

19 Zi., Rudolf-Breitscheid-Str. 3, Tel. 038378/319 84, Fax 319 85, Kategorie 2

Jugendherberge
Direkt an der Strandpromenade. 167 Betten. *Puschkinstr. 7–9, Tel. 038378/223 25, Fax 323 01, Kategorie 3*

Maritim Hotel Kaiserhof
Herausragende Lage an der Strandpromenade nahe der Seebrücke; Schwimmbad, Sauna, Solarium. *133 Zi., behindertengerecht, Kulmstr. 33, Tel. 038378/650, Fax 658 00, Kategorie 1*

Pommerscher Hof
Beliebtes, gediegenes Haus in idealer Zentrumslage, bis zum Strand nur 3 Min.; behindertengerecht; angenehm sitzt es sich im Wintergarten-Restaurant. *69 Zi., Seestr. 41, Tel. 038378/610, Fax 611 00, Kategorie 1*

Upstalsboom Hotel Ostseestrand
Drei alte Villen wurden völlig modernisiert, miteinander verbunden, ein Schwimmbad eingebaut – kurzum: Keine Wünsche bleiben offen. *102 Zi., Eichenweg 4–5, Tel. 038378/630, Fax 634 44, Kategorie 1*

STRAND UND SPORT

Über 3 km breiter Sandstrand; der Zugang zum FKK-Teil befindet sich zwischen Minigolfanlage und Liehrstraße, der Hundestrand in Richtung Bansin am Sackkanal. Außerdem Tennis *(Rennbahnweg)*, Minigolf *(Strandpromenade)* und Bootsverleih.

AM ABEND

Im Chapeau Rouge, dem roten, 250 Zuschauer fassenden *Theaterzelt* der Vorpommerschen Landesbühne Anklam, finden jährlich von Mitte Mai bis Ende Aug. über 200 Veranstaltungen statt. Bunt ist das Programm: Theater, Artistik, Jazz und Puppenspiel; das Zelt steht an der *östlichen Kurpromenade.* Im *Forum Usedom* der historische Kursaal, in dem kul-

Villa mit Geschichte

1890 ließ sich der Bankier Gerson von Bleichröder, Bismarcks Vertrauter und Finanzberater, in Heringsdorf auf dem Dünenhang sein Sommerhaus bauen: eine prachtvolle Villa im neuklassizistischen Stil. In dem 10 000 qm großen Park mit Rosengarten wurde die Bronzeskulptur der Jagdgöttin Diana aufgestellt, die dem Haus den Namen gab. Nach 1933 enteigneten die Nationalsozialisten die jüdischen Eigentümer, und Hermann Göring erkor die Villa zu seinem Gästehaus. Nach dem Zweiten Weltkrieg wandelten sie die Sowjets in ein Sanatorium für höhere Offiziere um, und Ende der fünfziger Jahre übernahm sie der DDR-Einheitsgewerkschaftsbund FDGB. Besonders gern logierte dessen Vorsitzender Harry Tisch in dem Haus und prostete im großen Salon seinen ausländischen Gästen zu. Heute ist das Haus Diana ein First-class-Hotel.

turelle und gesellschaftliche Veranstaltungen geboten werden, sowie das Spielkasino, in dem die Glückskugeln auf den Roulettetischen rollen. Abendlicher Treff zum Schmusen und Tanzen die *Disko Titanic* auf der Seebrücke. Gemeinsam mit den Nachbarorten Ahlbeck und Bansin wird monatlich ein Veranstaltungsplan herausgegeben.

AUSKUNFT

Kurverwaltung
Kulmstr. 33, 17424 Seebad Heringsdorf, Tel. 038378/24 51, Fax 24 54

ZIEL IN DER UMGEBUNG

Heringsdorfer Wald (120/B–C2)
Wem es am Strand zu heiß oder zu windig ist, kann durch den Heringsdorfer Wald streifen. Der Mischwald voller Rotbuchen, Douglasien und Fichten zieht sich bis zum Gothensee hin, im Frühjahr ist er mit vielen Maiglöckchen geschmückt. Naturfreunde können mit etwas Glück den seltenen Schwarzspecht beobachten. Durch den Wald führt ein mit grünen Dreiecken markierter, 4,4 km langer *Wanderweg,* der am *Heringsdorfer Gymnasium in der Bülowstraße* beginnt.

KARLSHAGEN

(107/D-E6) Laub- und Nadelwälder im Osten und Westen, die bis an die Dünen reichen, und im Süden moorige Wiesen: Das weiträumige Karlshagen (3400 Ew.) gehört zu den ruhigen Orten der Insel. Im modernisierten Hafen am Peenestrom herrscht Beschaulichkeit. Yachten und Fischerboote dümpeln an der Kaimauer, und wer ein schönes Bild aufnehmen möchte, kommt zum Sonnenuntergang hierher.

BESICHTIGUNGEN

Gedenkstätte
Künstlerisch gestaltete Gedenkstätte (1970) zur Erinnerung an die Opfer des Haftlagers Peenemünde. Ein etwa 3 m hohes Mosaik stellt das Thema »Von der Nacht durch Kampf zum Sieg« dar. Auf dem nahe der Gedenkstätte angelegten Friedhof fanden mehr als 600 ausländische Arbeiter und 120 Deutsche, die bei den Bombenangriffen am 17. und 18. August 1943 ums Leben kamen, ihre letzte Ruhestätte.

Naturschutzzentrum Insel Usedom
Ausstellung u.a. zum entstehenden Naturpark Usedom; Diskussionen und Vorträge über Naturthemen. *Mai–Sept. Di–Fr 10–18 Uhr, Sa, So 11–17 Uhr, Okt.–April Di–Fr 10–16 Uhr, Sa, So 13–16 Uhr, In den Dünen (am Nordende), Tel. 038371/217 50*

RESTAURANTS

Marina
Maritime Atmosphäre im und vor dem neuen Restaurant. *Am Hafen, Tel. 038371/210 12, Kategorie 2*

Peenemünder Eck
Kleiner gemütlicher Gasthof mit schmackhafter Küche. *Strandstr. 1a, Tel. 038371/20830, Kategorie 2*

ÜBERNACHTUNG

Ferienwohnanlage Gartenstraße
Ferienwohnungen, die gehobenen Ansprüchen gerecht werden.

10 Wohnungen mit 45 qm für bis zu 4 Pers., 10 weitere mit 60 qm für bis zu 6 Pers., Gartenstr. 6, Tel. 038371/ 231 10, Fax 207 22, Kategorie 2

STRAND UND SPORT

1,5 km langer, 50 m breiter, flach ins Meer abfallender Strand, für FKK-Fans mit Abschnitten in Richtung Trassenheide und Peenemünde; ein Hundestrand existiert nicht.

AUSKUNFT

Fremdenverkehrsamt An der Peenemündung
Hauptstr. 16, 17449 Karlshagen, Tel./Fax 038371/207 58

KÖLPINSEE

(111/E-F5-6) Sandstrand und Wald, Ostsee und Achterwasser, Kölpinsee (1000 Ew.) gilt als lauschiges Seebad für Ruhesuchende und Naturliebhaber. Zum kleinen Idyll wurde der Kurpark mit der Konzertmuschel auf einer Anhöhe in Strandnähe. Ihr zu Füßen liegt auch der See, der dem Badeort den Namen gab. Einst war er eine Bucht der Ostsee. Der Ortsteil Loddin erstreckt sich am Achterwasser, der nur wenige Häuser zählende Ortsteil Stubbenfelde liegt eine halbe Stunde zu Fuß in Richtung Ückeritz.

MUSEUM

Heimatstube
Die Geschichte des Badeortes und einiges Wissenswerte über alte Handwerke und das frühere Leben an der Ostsee. *Mo, Mi–Fr 9–16 Uhr, Di 9–18 Uhr, Haus des Gastes, Strandstr. 2a*

RESTAURANT

Waterblick
Fisch- und Grillrestaurant im Ortsteil Loddin mit wunderschönem Blick auf das Achterwasser. *Am Mühlenberg, Tel. 038375/ 202 94, Kategorie 2*

ÜBERNACHTUNG

Haus Nixe
Zwei junge Leute haben ein altes Haus mit vielen Ideen sehr individuell eingerichtet. Die im Kellerrestaurant zubereiteten Steaks sind weithin bekannt. *8 Zi., Waldstr. 2, Tel. 038375/201 77, Fax 201 79, Kategorie 3*

Hotel Seeschlößchen
In dem Neubau mit dem romantischen Namen gibt es insgesamt 13 Zimmer, die alle großzügig gestaltet und mit Balkon oder Terrasse ausgestattet sind. Fitneßbereich mit Sauna und Solarium gehören dazu. *Strandstr. 15, Tel. 038375/26 10, Fax 26 14, Kategorie 2*

Hotel Zur Ostsee
Familiär geführtes Hotel mit modern eingerichteten Zimmern im Haus I, wer preiswert wohnen möchte, sollte ein Zimmer im Haus II mit Etagendusche/WC buchen. *24 Zi., Strandstr. 14, Tel. 038375/202 96, Fax 201 33, Kategorie 2–3*

Strandhotel Seerose
Raus aus dem neuerbauten Haus, und schon sind Sie nach wenigen Schritten am Strand. 400 m² große Badelandschaft mit Schwimmbecken, Sauna, Dampfbad. *57 Zi., Strandstr. 1, Tel. 038375/540, Fax 541 99, Kategorie 1*

STRAND UND SPORT

Den 1,5 km langen und bis zu 30 m breiten Strand begrenzen in Richtung Koserow flache Dünen, in entgegengesetzter Richtung (dort auch der Hundestrand) Steilküste mit Buchen- und Nadelwald. Den etwa 250 m langen FKK-Strand in Richtung Ückeritz schützt das hohe Ufer gegen kühle Winde. *Bootsverleih:* am Ostseestrand in Kölpinsee und Stubbenfelde sowie in Loddin am Achterwasser.

AUSKUNFT

Kurverwaltung
Strandstr. 23 (an der B 111), Mai bis Sept. Strandstr. 2a (fast am Strand), 17459 Kölpinsee, Tel. 038375/ 204 26, Fax 206 12

ZIEL IN DER UMGEBUNG

Loddiner Höft **(111/E6)**
Halbinsel, die sich ins Achterwasser erstreckt. Vom Hochuferweg an der Südspitze, die den unfreundlichen Namen Galgenberg trägt, kann das Auge weit schauen. Auf das Loddiner Höft mit einer imposanten Steilküste führt ein mit waagerechten, gelben Balken markierter Wanderweg, der am Bahnhof Kölpinsee beginnt und insgesamt eine Länge von 8 km hat.

KOSEROW

(**111/D-E4**) Die Ostsee und das Achterwasser sind beide zum Greifen nah. Koserow (1600 Ew.) mit seinen ein- und zweistöckigen Häusern liegt zusammen mit Zempin auf der schmalsten Stelle der Insel, angelehnt an den Streckelsberg. Hier stehen 200 Jahre alte Buchenwälder, deren Boden im Frühling ein blauer Teppich aus Leberblümchen bedeckt. Im Sommer 1993 wurde die 261 m lange Seebrücke eingeweiht, seitdem kann die Küste auch von See aus bewundert werden.

BESICHTIGUNGEN

Kirche
Prachtvolle Kastanien umgeben die älteste Kirche an Usedoms Ostseeküste. Bereits um 1300 entstand das Gotteshaus aus Feldsteinen; das Langschiff und der Turm sind Zugaben des 15. Jhs. Der kunstvolle Schnitzaltar (15. Jh.) ist der einzige auf Usedom, der aus dem Mittelalter vollständig erhalten blieb. Das Kruzifix, das Fischer aus dem Meer holten, stammt aus Skandinavien und wird als Kreuz aus der versunkenen Stadt Vineta angesehen. Von 1821 bis 27 predigte in der Kirche Wilhelm Meinhold, der Autor der »Bernsteinhexe«. *Pfingsten–Sept. tgl. 16 bis 18 Uhr, Fischerstraße*

Salzhütten
Um 1820 entstanden die ersten reetgedeckten Lagerhütten am westlichen Strand von Koserow. Um 1900 gab es 15 solcher Hütten, heute stehen nur noch sechs, die nun für andere Zwecke genutzt werden.

MUSEEN

Fischers Arbeitshütt
Für eine Handvoll Besucher: Minimuseum in einer der historischen Salzhütten. *Mai–Sept. Sa bis Do 10–15 Uhr*

Atelier Otto Niemeyer-Holstein

★ Wo sich Ostsee und Achterwasser fast berühren, ließ sich der Maler Otto Niemeyer-Holstein nieder und baute ab 1932 sein skurriles Zuhause um einen ausrangierten S-Bahn-Wagen herum. Nach dem Tod des Altmeisters der norddeutschen Landschaftsmalerei 1984 blieb »Lüttenort«, so taufte es der Künstler, im Original und mit zahlreichen Kunstwerken erhalten und für Besucher geöffnet. *Führungen (Dauer 1 Std.) Mitte April–Mitte Okt. tgl. 10, 11, 14, 15 Uhr, Mi, Do, Fr auch 13 und 16 Uhr; Mitte Okt.–Mitte April Mi–So 11, 13, 14, 15 Uhr, Tel. 038375/202 13*

RESTAURANTS

Kelchs Fischrestaurant

Für Speisefischfreunde ist der Besuch ein Muß! Mehr als 40 Fischgerichte und ein beeindruckend gut sortiertes Weinlager. *Karlstr. 9, Tel. 038375/204 58, Fax 204 25, Kategorie 2*

Koserower Salzhütte

Eine sichere Adresse für frischen Fisch in einer rekonstruierten Salzhütte. Bei schönem Wetter stellt man Tische auch nach draußen an die frische Luft, denn drinnen wird es schnell eng. *Nov.–April nur Fr–So geöffnet, am Strand bei den Fischern, Tel. 038375/206 80, Kategorie 2*

EINKAUFEN

Eine der Salzhütten wandelte sich zu einem Souvenirgeschäft. In der Nachbarschaft verkauft *Udos Fischräucherei,* was die Fischer des Ortes anlanden.

ÜBERNACHTUNG

Forsthaus Damerow

Schön gelegene Ferienanlage abseits des Ortes, 10 Min. bis zum Strand, ideal für Familien. *56 Ferienhäuser (für 2–4 Pers.), 30 Zi., Tel. 038375/560, Fax 564 00, Kategorie 2*

Landhaus Herkules

Reizende, neue Pension in ruhiger Lage; Sauna, Solarium. *10 Zi., Karlstr. 9, Tel./Fax 038375/201 43, Kategorie 2*

Hotel-Restaurant Hanse Kogge

Wer etwas für die Gesundheit tun möchte, findet hier ein umfassendes Angebot: hauseigener Wellnessbereich, Behandlungen nach fernöstlicher Heilkunst und physikalische Therapie. *20 Zi., behindertengerecht, Hauptstr. 22, Tel. 038375/26 00, Fax 260 77, Kategorie 2*

Hotel Vineta

Gediegenes Interieur in den individuell gestalteten 38 Zimmern des neuen Hotels. Auch kulinarisch zu empfehlen: Do ist »Tag der französischen Küche« – der Chefkoch ist Franzose. *Tel. 038375/560, Fax 564 00, Kategorie 2*

Treff Ferienpark Usedom

1998 eröffnete Anlage auf dem Streckelberg, sechs skandinavische Ferienhäuser mit 67 Wohnungen (50 bis 100 m² für 2 bis 6 Pers.), teilweise mit eigener Sauna. *Siemensstraße, Tel. 038375/550, Fax 551 00, Kategorie 2*

Camping Am Sandfeld

Naturbelassenes Gras- und Sandgelände mit Kiefern. Beliebter

Wie eine steinerne Arche Noah harrt die Koserower Kirche auf Besucher

Platz, für den sich rechtzeitige Reservierung empfiehlt; behindertengerecht. *Geöffnet April bis Sept., Mittagsruhe 13–15 Uhr, Tel. 038375/207 59*

STRAND UND SPORT

4 km langer und bis zu 50 m breiter Strand mit einem ausgedehnten Steilküstenabschnitt; erst nach etwa 30 m wird eine Wassertiefe von 1 m erreicht. Der 2 km lange FKK-Strand erstreckt sich in Richtung Zempin. Hundebesitzer dürfen den Teil westlich der Seebrücke zwischen Fischereistrand und dem FKK-Abschnitt ansteuern. *Bootsverleih von Mai bis Sept. am Achterwasser.*

AM ABEND

Auf dem *Kurplatz* wird mehrmals in der Woche Musik geboten. In der *Kirche* finden Mo und Do Veranstaltungen statt. Abendlicher Treff ist die *Buddel-Bar* in der Hanse-Kogge, *Hauptstr. 22.*

AUSKUNFT

Kurverwaltung
Hauptstr. 34, 17459 Ostseebad Koserow, Tel. 038375/204 15, Fax 204 17

ZIEL IN DER UMGEBUNG

Streckelsberg **(111/E4)**
Unter Naturschutz stehender Aussichtspunkt an der Küste südöstlich vor Koserow. Im Frühling bedeckt ein blauer Teppich aus Leberblümchen den Boden des Buchenwaldes. Etwa 4 km vor dem Streckelsberg soll im Meer die sagenhafte Stadt Vineta untergegangen sein, erkennbar an der schäumenden Brandung des Vineta-Riffs. Wilhelm Meinhold ließ seine »Bernsteinhexe« am Fuße des Streckelsberges viele dieser gelben Schmucksteine finden. Und eine weitere Berühmtheit, der Volksheld Störtebeker, soll in einer Höhle am Steilufer einen Schlupfwinkel besessen haben.

TRASSENHEIDE

(109/E2) Heide, Kiefern, Dünen und viele Einfamilienhäuser garantieren Ruhe und Entspannung. Trassenheide (800 Ew.) liegt etwa 1,5 km landeinwärts, vom Meer durch einen breiten Streifen Misch- und Nadelwald getrennt. In Richtung Karlshagen zieht sich das große Trassenmoor hin, eine herbe, reizvolle Moorlandschaft mit seltenen Pflanzen.

RESTAURANT

Bahnhof Trassenheide
Nichts Berauschendes, aber das Wesentliche stimmt: preiswertes Essen in zuverlässiger Qualität; außerhalb des Ortes im Grünen. *So geschl., im Bahnhof Trassenheide, Tel. 038371/204 12, Kategorie 3*

ÜBERNACHTUNG

Pension Kaliebe
Modernisierte Pension, 3 Min. bis zum Strand; behindertengerecht. *6 Bungalows (bis zu 6 Pers.), 13 Zi., Zeltplatzstr. 5, Tel. 038371/520, Fax 522 00, Kategorie 3*

Pension Neufert
Neubau mit 8 Zimmern, 5 Ferienwohnungen und großem Garten. *Bahnhofstr. 21, Tel. 038371/23 70, Fax 237 49, Kategorie 3*

Waldhof-Hotel
Für jene, die ruhig wohnen möchten: Die fünf Bettenhäuser und das reetgedeckte Hotelrestaurant liegen geschützt in einem Waldgelände, bis zum Strand etwa 15 Min. Im Sommer können Sie täglich mit dem Kremser zum Strand und wieder zurück fahren. Der Bau einer überdachten Wasserfreizeitanlage ist geplant. *80 Zi., 20 Apartments, Forststr. 9, Tel. 038371/500, Fax 205 61, Kategorie 2*

STRAND UND SPORT

4 km langer und bis zu 50 m breiter Strand, flach abfallend, für Familien ideal. FKK in Richtung Karlshagen, kein Hundestrand. Das 4500 m² große *Sport- und Freizeitcenter, Wiesenweg 5,* bietet u. a. drei Tennis- und vier Badmintonplätze sowie sechs Bowlingbahnen.

AUSKUNFT

Kurverwaltung
Strandstr. 36, 17449 Trassenheide, Tel. 038371/209 28, Fax 209 13

ZIELE IN DER UMGEBUNG

Bannemin (109/E3–4)
In dem Dorf an der B 111 arbeiten der *Kunsthandwerker Hartmut Schuhmacher* mit Holz und die *Keramikerin Anette Schröder* mit Ton. In einer kleinen Galerie verkaufen sie ihre Arbeiten *(Zinnowitzer Str. 10)*. Etwa 100 m weiter können Sie in der Gaststätte *Banneminer Krug* einkehren, *Okt.–April Mo geschl., Zinnowitzer Str. 9, Tel. 038377/426 34, Kategorie 2*

Krummin (109/E4–5)
In das Dorf (220 Ew.) führt eine prachtvolle, von etwa 300 Linden gesäumte *Allee*. Sie ist 1,7 km lang und steht seit 1990 unter Naturschutz. Die sorgfältig restaurierte *Kirche* ist das einzige klösterliche Gebäude auf Usedom, das erhalten blieb. Wer Appetit auf Fisch hat, fährt ins Nachbardorf Neeberg zur *Gaststätte Fischstübchen, Tel. 03836/60 33 22, Kategorie 2.*

Mölschow **(109/D3)**
Wer zur Erinnerung ein Ölbild oder Miniaturen mit Usedomlandschaften mitnehmen möchte, sollte ins Atelier und die Galerie von *Hans Seifert* schauen, *Trassenheider Str. 7.*

Ziemitz **(108/C6)**
Fischesser fahren zur Halbinsel Wolgaster Ort ins Dörfchen Ziemitz. In der Gaststätte *Zur Reuse* wird serviert, was die heimischen Fischer anlanden. Besonders lecker: der Ziemitzer Bratfischteller (verschiedene Fischsorten in der Pfanne gebraten mit Salzkartoffeln und pommerscher süß-saurer Soße). Gratis gibt es einen Blick auf den *Peenestrom (Wolgaster Str. 20, Tel. 03836/60 28 55, Kategorie 2).* Himmlische Ruhe umgibt die Gäste in der neuen Ferienwohnanlage *Haus Janus. 11 Ferienwohnungen, Wolgaster Str. 19, 17440 Ziemitz, Tel. 03836/ 27 29 33, Fax 27 29 34, Reservierungen über Tel./Fax 04105/122 59, Kategorie 1–2*

ÜCKERITZ

(114/C2) Hektische Betriebsamkeit und extravagantes Leben gibt es in Ückeritz (1000 Ew.) nicht. Der Badeort mit kleinen, gepflegten Häusern besteht aus dem historischen Fischerdorf am Achterwasser, das sein dörfliches Gepräge behalten hat, und dem in den 30er Jahren vorwiegend von Malern errichteten Villenteil (Waldstraße). Zum Strand führt eine 1,5 km lange Straße durch schattigen Buchen- und Kiefernwald, am Anfang befindet sich

Am Achterwasser in Zempin dümpeln die Angelkähne

ein gebührenfreier Parkplatz, kurz vor dem Strand einer, auf dem der Parkscheinautomat bedient werden muß. Das beschaulichste Fleckchen ist die Mole am Sportboothafen mit Blick aufs Achterwasser.

RESTAURANTS/CAFÉ

Deutsches Haus
Hier kommt Regionales auf den Tisch, solide und deftig. *Nebenstr. 1 (100 m von der B 111), Tel. 038375/209 40, Kategorie 2*

Ratscafé
Gutbürgerliche Küche, rustikale Einrichtung, direkt an der B 111. *Bäderstr. 4, Tel. 038375/209 30, Kategorie 3*

Strandcafé Utkiek
In der Saison ein stark frequentiertes Restaurant, was aber wohl die ideale Lage macht; Kuchen aus eigener Herstellung. *Am Strand, Tel. 038375/204 08, Kategorie 3*

Strandklause
Ein herrlicher Blick auf das Achterwasser, hauptsächlich Fischgerichte. *Am Strand, Tel. 038375/204 55, Kategorie 2*

ÜBERNACHTUNG

Pension Nußbaumhof
Familienfreundliches Haus, toll die Maisonette-Zimmer Nr. 16 und 23. Vom Kaminzimmer schöner Blick auf das Achterwasser. *15 Zi., Feldstr. 2, Tel. 038375/23 80, Fax 238 88, Kategorie 2*

Strandhäuser Blankenfohrt
Abseits vom Ort, nur durch die Düne vom Strand getrennt, stehen die neuen Doppelhäuser mit 14 Ferienwohnungen (4 Räume für maximal 7 Pers.). *Tel. 038375/202 61, Fax 202 17, Kategorie 1*

Naturcamping Ückeritz
4,5 km langer Geländestreifen hinter den Dünen in Richtung Bansin, auf einem Strandteil FKK; behindertengerecht. *Geöffnet April–Okt. Tel. 038375/209 23, Fax 202 65*

STRAND UND SPORT

7 km langer und etwa 35 m breiter Strand. Nichtschwimmer können bis zu 30 m ins Wasser gehen. FKK-Anhänger haben einen 2 km langen Abschnitt in Richtung Bansin (über den Campingplatz zu erreichen). Hundestrände gibt es einen in Richtung Bansin, den anderen in Richtung Kölpinsee. Der Sportboothafen mit Bootsverleih, Surfschule und Kinderspielplatz entstand am Achterwasser.

AUSKUNFT

Kurverwaltung
Bäderstr. 4, 17459 Seebad Ückeritz, Tel./Fax 038375/202 65

ZIEL IN DER UMGEBUNG

Wockninsee (114/C2)
Flacher Strandsee, 1 km östlich von Ückeritz, der unter Naturschutz steht. In den letzten Jahrzehnten ist der Wockninsee stark verlandet, nur zwei kleine, von Moor umgebene Wasserflächen blieben übrig. In dem Gebiet brüten Kranich und Graugans, die Europäische Sumpfschildkröte fand hier Unterschlupf. Ein

in Ückeritz beginnender Naturlehrpfad führt durch das Naturschutzgebiet.

ZEMPIN

(110/C3–4) In dem ruhigen Ort (850 Ew.) hat sich etliches vom einstigen Fischerdorf erhalten, so die Reste alter Salz- und Heringspackhütten. Sie versteckten sich am westlichen Ende des Hauptzugangs zum Strand in den Dünen. Der alte Dorfkern mit reetgedeckten Häusern liegt, wie bei fast allen Badeorten Usedoms, dem Achterwasser zugewandt. Dorthin führt der 4 km lange Ortswanderweg, der am Fremdenverkehrsamt beginnt und mit waagerechten, grünen Balken markiert ist. Wer sich nur den an der Ostsee gelegenen Teil Zempins anschauen möchte, wandert auf dem 2 km langen, mit gelben Balken markierten Weg, der an der Bushaltestelle beginnt.

Wer Abendunterhaltung oder nächtliches Amüsement sucht, hat sich mit dem dörflichen Zempin in der Wahl seines Urlaubszieles vergriffen. Nur in der Saison werden kulturelle Themenabende angeboten; mehr Auswahl finden Sie in Zinnowitz.

RESTAURANT/CAFÉ

Konditorei-Café Eichhorst
In einem neuen Gebäude; Kuchen und auch Eis kommen aus eigener Herstellung. *So erst ab 14 Uhr, Hauptstr./Ecke Fischerstr., Tel. 038377/415 13*

Tau'n Fischer un sin Fru
Von der Straße aus ahnt keiner, was für ein beachtliches Restaurant sich im Innenhof verbirgt. Fische aus eigenem Fang und der eigenen Räucherei. *Okt. bis Ostern Mi und Do geschl., Waldstr. 11, Tel. 038377/400 54, Kategorie 2*

Baden Anno dazumal

»Während der Badestunden von 6.00 Uhr morgens bis 12.00 Uhr mittags dürfen am Strande vor den Damenbadeanstalten und zu beiden Seiten derselben bis auf eine Entfernung von 75 Metern ... männliche Personen sich nicht aufhalten.«
Aus: *»Badeordnung Zinnowitz«, 1909.*

»Das Baden in der Ostsee außerhalb der Badeanstalten und der polizeilich zugelassenen Badestellen ist ... untersagt. Sonnenbäder am Strande und in den Dünen sind nur in den hierzu bestimmten umfriedeten Räumen zulässig. Zuwiderhandlungen ... werden mit Geldstrafe bis zu Mk. 30,–, im Unvermögensfalle mit entsprechender Haft bestraft.«
Aus: *»Polizeiverordnung von Heringsdorf«, 1910*

»Die Badezeit währt täglich von 8 bis 13 Uhr und 15 bis 19 Uhr ... Jede Familie soll sich in der Regel auf 25 Quadratmeter Strandfläche bescheiden. Burgen gelten nur dann als benutzt, wenn in ihnen ein Strandkorb steht oder die Benutzung anderweitig kenntlich gemacht ist.«
Aus: *»Badeordnung Kölpinsee«, 1940*

Wie die Insel Usedom zu ihrem Namen kam

Vor vielen Jahrhunderten, so erzählt man sich, trafen sich alle Einwohner, um einen Namen für ihre Insel zu finden. Als keine Vorschläge kamen, sprach einer: »Damit wir nicht endlos hier sitzen, sollte das nächste Wort, das einer spricht, der Inselname sein.« Das Schweigen setzte sich fort, denn jeder hütete sich vor einem unbedachten Wort. Genervt sprang einer auf und rief: »O *so dumm,* daß wir keinen Namen finden«. – Das war's – im Laufe der Jahrhunderte wurde daraus Usedom.

ÜBERNACHTUNG

Inselhof
Völlig modernisierter Ferienpark am Achterwasser mit Restaurant, ideal für Familien. 58 Wohnungen. *Dorfstr. 6a, Tel. 038377/ 427 49, Fax 413 32, Kategorie 2*

Hotel Wikinger
Niveauvolles Haus, 100 m bis zur Ostsee; Sauna, Solarium, Fitneßraum; behindertengerecht. *58 Zi., Seestr. 6, Tel. 038377/750, Fax 751 15, Kategorie 2–3*

Campingplatz Am Dünengelände
Naturbelassenes Dünengelände im Wald nordwestlich des Ortes; behindertengerecht. *Geöffnet April–Okt., Tel. 038377/413 63, Fax 413 64*

STRAND UND SPORT

3 km langer und 30 m breiter Sandstrand. Wer FKK-baden möchte, muß in Richtung Koserow laufen, der 50 m lange Hundestrand liegt beim Ort.

AM ABEND

Zweimal pro Woche finden in der Saison Veranstaltungen statt. Über die Termine informiert der für die Monate Mai bis Sept. erscheinende Veranstaltungskalender.

AUSKUNFT

Fremdenverkehrsamt
Fischerstr. 1, 17459 Seebad Zempin, Tel./ Fax 038377/421 62

ZINNOWITZ

(110/B 2–3) Das größte Seebad (5000 Ew.) im nordwestlichen Teil der Insel, umgeben von Laub- und Kiefernwald. Die Strandpromenade mit viel Grün, weißem Musikpavillon und Rosenrondell gehört zu den besonders schönen auf Usedom. Am Ostende geht die Promenade in einen sandigen Dünenweg über, der nach Zempin führt. 3,5 km sind es bis dorthin, wer nach Koserow weiterwandern möchte, hat 7 km vor sich. Das Leben am Strand läßt sich gut von der 315 m langen Seebrücke (1993) beobachten. An heißen Sommertagen spendet der im Zentrum liegende Stadtpark mit alten, großen Bäumen wohltuenden Schatten.

Der mit Wald überzogene Glienberg mit seinen sanft ansteigenden Hängen schützt Zinnowitz vor den rauhen Nord- und Ostwinden. Der alte Ortsteil mit dem ältesten Haus (Mitte 18. Jh., Neuendorfer Weg 21) befindet sich jenseits der B 111.

BESICHTIGUNGEN

Bäderarchitektur

Pensionen und Hotels im Stil der Bäderarchitektur bestimmen weitgehend das Bild von Zinnowitz. Besonders schöne Häuser stehen an der *Strandpromenade*, in der *Dünen-* und in der *Neuen Dünenstraße*. Aus der Zeit der Badgründung stammt das backsteinerne, ehemalige Warmbad an der Ecke *Neue Seestraße/Dünenstraße* (heute Haus des Gastes).

Aus DDR-Zeiten stammt das im stalinistischen Stil errichtete Kulturhaus mit Kino- und Theatersaal für 900 Gäste; es steht seit der Einheit leer und verfällt.

Kirche

In dem neogotischen Sakralbau mit einer trapezförmigen Holzdecke und einer umlaufenden, hölzernen Empore im Inneren fand 1895 der erste Gottesdienst statt. 25 Jahre lang war für den Bau des Gotteshauses gesammelt worden, auch mancher Feriengast hatte gespendet. *Kirchstraße*

RESTAURANTS/CAFÉ

Bucheneck

Kleine Selbstbedienungsgaststätte für eilige und preisbewußte Gäste. *Seestr. 1 (gegenüber den Tennisplätzen), Tel. 038377/422 09, Kategorie 3*

Düne 24

In dekorativer Strandatmosphäre wird regionale Küche serviert. *Dünenstr. 24, Tel. 038377/760, Kategorie 2*

Gelateria San Remo

Vorzügliches italienisches Eis. *Neue Strandstr. 11, Tel. 038377/ 409 22*

Marimar

Konditorei und Bistro mit Kuchen und Pralinen aus eigener Herstellung, fünf wöchentlich wechselnde Nudel-, Fleisch- und Gemüsegerichte. *Waldstr. 1, Tel. 038377/409 33, Kategorie 3*

Motorschiff Libelle

Bis 1980 fuhr das Schiff mit 36 Passagieren 1½ mal um den Erdball. Nun liegt es fest: gemütlich, immer gut besucht, kleine Karte. *Geöffnet Ostern–Okt, Di geschl., außer Juli, Aug., Liegeplatz hinter den Dünen (zwischen den Hotels Vineta und Baltic), Tel. 038377/406 94, Kategorie 3*

EINKAUFEN

Hauptgeschäftsstraße ist die *Neue Strandstr.* in der Ortsmitte. Malerei und Graphik mit Usedomer Landschaftsmotiven können in der *Atelier-Galerie* bei *Brigitte und Reinhard Meyer* erworben werden *(Wilhelm-Potenberg-Str. 1)*.

ÜBERNACHTUNG

Akzent-Hotel Dünenschloß

Liebevoll geführtes Hotel garni, einen Katzensprung von der Seebrücke entfernt; Sauna, Solarium. *24 Zi., Neue Strandstr. 6, Tel. 038377/ 790, Fax 792 59, Kategorie 2*

Baltic

Das völlig modernisierte Sport- und Ferienhotel hat eine Superlage: direkt an der Strandpromenade und neben dem Meerwasserhallenbad. Im Haus ein Fitneßcenter mit Physiotherapie, finnische Sauna u.a. *332 Zi., Dünenstr. 1, Tel. 038377/70 00, Fax 701 00, Kategorie 2*

Hotel-Restaurant Asgard
Schickes, familiengeführtes Haus an der Strandpromenade; behindertengerecht. *34 Zi., Dünenstr. 20, Tel. 038377/46 70, Fax 46 71 24, Kategorie 2*

Hotel-Restaurant Kormoran
Komfort unserer Tage, stilvolles Ambiente und Architektur der Jahrhundertwende. *17 Zi., Dünenstr. 14, Tel. 038377/407 02, Fax 407 04, Kategorie 2*

Hotel Seestern
Traditionsreiches, beliebtes Haus an der Strandpromenade. *23 Zi., Dünenstr. 3, Tel./Fax 038377/421 44, Kategorie 2–3*

Parkhotel Am Glienberg
Abseits vom Strandtrubel wird in ruhiger Lage gutes Niveau geboten. *28 Zi., Glienbergweg 10, Tel. 038377/720, Fax 724 34, Kategorie 1–2*

Campingplatz Pommernland
Hügeliges, naturbelassenes Waldgelände westlich des Ortes; behindertengerecht. *Ganzjährig geöffnet, Mittagsruhe 12–13.30 Uhr, Tel. 038377/403 48, 401 77, Fax 403 49*

STRAND UND SPORT

2 km langer und bis zu 40 m breiter Sandstrand, der flach ins Meer verläuft und ideal ist für Kinderferien. Behindertenfreundliche Strandzugänge und behindertengerechte Toiletten sind vorhanden. *Meerwasserhallenbad* mit 25 x 18-m-Becken (Wasser 26 °C) neben dem Hotel Baltic. Auf der Westpromenade die Kinderfreizeitanlage, Minigolf in der Dünenstraße, 5 Tennisplätze Seestraße/Waldstraße.

AM ABEND

Vielseitig ist das Kulturprogramm in der 1800 Zuschauer fassenden *Ostseebühne.* Dort agiert von Juni bis Aug. Di, Do, Sa jeweils um 20 Uhr die Theatershow »Vineta – die versunkene Stadt«. Aus einer alten Strandkorb-Lagerhalle entstand das 360 Zuschauer fassende *Theater Blechbüchse,* das von der Vorpommerschen Landesbühne Anklam bespielt wird. ✝ Mitte Juni bis Aug. Di, Do, Sa im *Theater Nachtcafé* mit Laser-Show, Live-Musik, ab 23 Uhr. In der Saison gibt die Kurverwaltung einen Veranstaltungskalender heraus.

AUSKUNFT

Kurverwaltung
Neue Strandstr. 30 (im Haus des Gastes), 17459 Ostseebad Zinnowitz, Tel. 038377/49 20, Fax 422 29

ZIEL IN DER UMGEBUNG

Halbinsel Gnitz **(112/B–D1–2)**
★ Der Gnitz mit seiner vielgestaltigen Landschaft teilt das Achterwasser (85,5 qkm) von der Krumminer Wiek (14,9 qkm) im Westen. Bis zum 13. Jh. war er noch ein selbständiges Eiland und durch den Großen Strummin vom Inselrest getrennt. Ein Schmuckstück ist das *Ferienparadies Lütow,* auf einem großen Wald- und Rasengrundstück stehen in 44 Doppelhaushälften 80 m² große Ferienwohnungen

Auf der Kurpromenade in Zinnowitz ist lauter Kurbetrieb nur schwer vorstellbar

für maximal 5 Pers. bereit. Das Hallenbad hat eine Länge von 20 m, es gibt auch zwei Kunstrasen-Tennisplätze mit Flutlicht. *17440 Lütow, Tel. 038377/406 77, Fax 400 81, Kategorie 2.* Zu den Sehenswürdigkeiten der Halbinsel Gnitz gehört das einzige *Großsteingrab* auf Usedom. Gegenüber dem Ferienzentrum führt ein Feldweg zu dem etwa 200 m entfernten, rund 4000 Jahre alten Grab. In *Netzelkow,* in der von alten Eichen umgebenen *Kirche,* ruht rechts neben dem Eingang Baron von Lepel (1668–1748) in einem farbigen Sarkophag. In den Sommermonaten finden in der Kirche ab und zu kleine Konzerte statt. Naturfreunde begeistert das *Naturschutzgebiet Südspitze Gnitz,* wo ungestört Hasen, Rehe, Frösche sowie Möwen und andere Küstenvögel leben; nur selten begegnet man Menschen. Von der höchsten Erhebung, dem Weißen Berg (32 m), haben Sie einen phantastischen Blick. Auf dem Rückweg nach Zinnowitz kommen Sie in *Neuendorf, Zinnowitzer Str. 8,* an der kleinen *Gaststätte Seeadler* vorbei, in der schmackhaft gekocht wird. *Tel. 038377/401 94, Kategorie 3*

Wälder, Seen, stille Dörfer

Beschauliche Landschaften und der Geburtsort der Raumfahrt

Das Usedomer Hinterland ist mit romantischen Fleckchen reich beschenkt worden: einsame Moore, malerische Buchten und stille Seen, die wie große blaue Augen in den Wiesen und Wäldern liegen. Hier und dort wellt sich das Land zu Hügeln, von denen keiner höher als hundert Meter ist. Von fast allen »Bergen« schweift der Blick über das Land, auf das Achterwasser und den Peenestrom, das Kleine Haff, die Ostsee und die Usedomer Schweiz. Da besonders schöne Landschaften überall »Schweiz« genannt werden, verwundert es schon ein wenig, daß diese Bezeichnung auf Usedom nur einmal vorkommt. Die *Usedomer Schweiz* liegt bei Benz und ein wenig nordwärts in Richtung der beiden Krebsseen. Aber das Touristenziel Nummer eins im Hinterland wurde ein Ort wegen seiner Vergangenheit: Peenemünde, das sich Wiege der Weltraumfahrt nennt.

Der verschmitzte Ritter aus buntbemaltem Stuck lächelt neben dem Kamin des Mellenthiner Schlosses, des schönsten Herrensitzes der Insel

BENZ

(115/D6) Die kleinen Häuser mit gepflegten Vorgärten, Sandwegen und einer Holländermühle gefielen bereits dem berühmten Lyonel Feininger, der hier 1912 seinen Skizzenblock hervorholte und zeichnete. Einige Jahrzehnte später kam Otto Niemeyer-Holstein, der Altmeister der norddeutschen Landschaftsmalerei, oft nach Benz. Umgeben von Wald und Feldern schmiegt sich das Dorf (600 Ew.) in eine schützende Senke. Das Südufer des Schmollensees reicht fast bis an die ersten Häuser heran. Gut überschauen läßt sich die reizvolle Umgebung des Dorfes vom Kückelsberg (58,3 m) aus.

BESICHTIGUNGEN

Holländermühle
Sie ist der Stolz von Benz. 1863 wurde die Mühle vom Gothensee auf den Hügel hinter den Friedhof versetzt. Bis 1971 drehten sich ihre Flügel im Wind. Auch heute noch, behaupten die Benzer, könne sie mit ihrer drehbaren Haube, dem Flügelkreuz und der Windrose Korn mahlen.

Zu danken ist das dem Maler Otto Niemeyer-Holstein, der die Mühle vor dem Verfall rettete. Das technische Denkmal ist heute Atelier einer Bildhauerin, die ihre Arbeiten vor der Mühle ausstellt.

Kirche St. Petri/Friedhof

Wunderschön im Inneren leuchten 135 Sternenbilder von einem Deckengewölbe in Gold, Weiß und Blau, die von einem Swinemünder Meister aus der 1. Hälfte des 19. Jhs. stammen. Das Altarbild zeigt Anthonis van Dycks »Beweinung Christi« (um 1630 gemalt) in einer guten Kopie. 1909 schenkte das damalige Kaiser-Friedrich-Museum in Berlin der Benzer Kirchengemeinde dieses Bild, nachdem diese sich bereit erklärt hatte, ihr eigenes mittelalterliches Altarbild zu verkaufen. Die Existenz der Kirche läßt sich bis 1230 nachweisen. Sie bekam ihr heutiges Aussehen um 1600, die Turmhaube ist eine Zugabe von 1740. *Tgl. geöffnet Mai–Sept.*

Seinem Wunsch entsprechend fand der Maler Otto Niemeyer-Holstein auf dem Friedhof seine letzte Ruhestätte.

ÜBERNACHTUNG/RESTAURANT

Schwalbennest

Familiengeführte Pension, Restaurant mit schmackhafter Hausmannskost. Bei Hundebesitzern beliebt. Fitneßraum, Solarium. *7 Ferienhäuser (bis zu 5 Pers.), 10 Zi., Fritz-Behn-Str. 30, Tel./Fax 038379/ 203 03, Kategorie 3*

STRAND UND SPORT

Wer den schattenlosen, etwa 7 km entfernten Ostseestrand bei den Seebädern Bansin und Heringsdorf nicht aufsuchen will, findet ganz in der Nähe einige ruhige Badestellen am Kleinen Krebssee, am Schmollensee und am Achterwasser bei Neppermin.

AM ABEND

Seit langem sind die sommerlichen und niveauvollen Kulturveranstaltungen in der *Kirche* ein heißer Tip auf Usedom: Konzerte, Vorträge, Lesungen und Liederabende. Nur wer frühzeitig erscheint, kann mit einem Sitzplatz rechnen!

MARCO POLO TIPS FÜR DAS HINTERLAND

1. **Golm**
   Ehrenmal, Burgwall, Naturschutzgebiet und Aussichtspunkt (Seite 67)
2. **Informationszentrum Peenemünde**
   Alles über Hitlers Raketenschmiede und die Anfänge der Raumfahrt (Seite 70)
3. **Lieper Winkel**
   Ein Paradies für Naturfreaks – die ins Achterwasser ragende stille, flache Halbinsel (Seite 72)
4. **Eiche in Suckow**
   Auf einem alten Hügelgrab wie aus einem Märchen (Seite 73)

ZIELE IN DER UMGEBUNG

Cosim **(114/B5)**
Kleine, ruhige Halbinsel, die wie eine Nase geformt in den Balmer See ragt. Salzwiesen, Erlenbrüche sowie ein Röhrichtgürtel bieten einer reichen Vogelwelt ungestörten Lebensraum. Um dieses Kleinod zu erhalten, wurden 1990 198 ha unter Naturschutz gestellt. Wer sich still verhält, kann Kiebitz, Rotschenkel und Bekassine beobachten.

Mellenthin **(118/B1–2)**
Mitten auf der Insel, zwischen dem Städtchen Usedom und den Seebädern, liegt das ruhige Dörfchen Mellenthin mit dem einst schönsten Herrensitz, einem im 16. Jh. erbauten Renaissanceschloß. Leider zeigt sich das Bauwerk in keinem guten Zustand. Durch die Eingangshalle mit einem farbenprächtigen Kamin von 1613 wird das kleine *Heimatmuseum* erreicht, das viel davon erzählt, wie die Menschen früher lebten. Im Erdgeschoß sind bäuerliche Gerätschaften ausgestellt, darunter Kartoffelquetsche, Häckselmaschine und Strohschneider. In einer ständigen Ausstellung werden Aquarelle, Zeichnungen und Holzschnitte von Christiane Hartwig (1901–85) gezeigt, die als Kind nach Mellenthin kam und ihr Leben hier verbrachte. *Mo 10–12 Uhr, Di–So 10–12, 13 bis 17 Uhr.* Im alten Schloßgemäuer auch die *Gaststätte Burgschänke (Mo geschl., Dorfstr. 25, Tel. 038379/ 703 41, Kategorie 3).*

In der *Kirche* – einem Bauwerk aus mehreren Jahrhunderten – können der Bauherr des Schlosses Rüdiger von Neuenkirchen und seine Frau Ilsabe von Eichstett auf dem Relief der farbigen Grabplatte (1594) betrachtet werden. Es wurde in die Wand neben dem Eingang eingelassen. Die 12 Zentner schwere Platte wurde 1931 vom Chorraum ins Kirchenschiff transportiert, was nur mit Hilfe von sieben starken Männern gelang. Die Malereien am Chorgestühl stammen aus dem Mittelalter.

Noch vor dem Ortseingang, an der Kreuzung zur B 110, mitten auf der Wiese und nicht zu übersehen, steht das einladende *Landgasthaus Klein* mit freundlicher Bedienung, wohlschmeckenden Gerichten und zivilen Preisen. *Chausseeberg 1, Tel. 038379/ 202 46, Kategorie 3*

Neppermin **(114/B–C6)**
Eine neue fast 300 m lange *Promenade* führt am Nepperminer See entlang, einer Bucht des Achterwassers. Zahlreiche Schautafeln informieren über die Natur und die Fischerei im Wandel der Zeiten. Eine kleine Badestelle ist vorhanden. Wie alle Dörfer auf Usedom, so schmückt sich auch Neppermin mit rohrgedeckten Wohnhäusern und Scheunen aus vergangenen Zeiten. In der *Gaststätte Utkiek* gibt es die gemütliche Bauernstube, wer auf den See schauen möchte, muß ins Café-Restaurant im Obergeschoß steigen *(Dorfstr. 3a, Tel. 038379/ 203 37, Kategorie 3).* Am Rande von Neppermin der neue *Golfpark Balmer See* mit einem 18-Loch-Platz und einem 6-Loch-Kurzplatz. Direkt am Achterwasser seit Mai 1998 das *Golf- und Landhotel Balmer See* mit Hallenbad und Restaurant. *90 Zi., 17429 Neppermin-Balm, Tel. 038379/ 280, Fax 282 22, Kategorie 1–2*

Abendrot bei Neppermin ist so schön wie am Mittelmeer, oder?

Pudagla (114/C–D4)
Tief hat Pommernherzog Ernst Ludwig im Jahr 1574 nicht in die Tasche gegriffen, als er seiner Mutter Marie das *Schloß* in Pudagla bauen ließ. Das schlichte, zweigeschossige Bauwerk entspricht so gar nicht unseren Vorstellungen von einem Schloß, es ähnelt einer Mietskaserne. Als einzigen Schmuck bekam es über dem Hauptportal eine Kalksteintafel mit dem Landeswappen der Herzöge von Pommern-Wolgast, das zwei »Wilde Männer« und zwei Säulen flankieren. Im kühlen Gewölbe der ehemaligen Schloßkapelle lädt in den Sommermonaten die *Gaststätte Schloß Pudagla ein (Tel. 038378/323 86, Kategorie 3).*

Beek heißt der Graben nördlich des Dorfes, der den Schmollensee mit dem Achterwasser verbindet, Schmaler Hals die in den Schmollensee ragende Landzunge. Südlich des Dorfes erhebt sich der *Glaubensberg* (39 m), um den ein Wanderweg führt. Er beginnt am Schloß, ist mit gelben Quadraten markiert und hat eine Länge von 2,9 km. Einen weiten Blick auf das Achterwasser haben Sie vom *Klonker Berg* (23 m) aus. Etwa 200 m von ihm entfernt ragt der 22 Kubikmeter große *Teufels-*

oder Riesenstein aus dem hier nur 1,30 m tiefen Achterwasser. Die Sage erzählt von einem Teufel, der den Stein zum Kloster werfen wollte. Auf dem Klonker Berg sei er ihm aus der Hand geglitten und ins Wasser gerollt. Wer's nicht glaubt: Die Abdrücke des Teufels sind deutlich an dem Stein erkennbar.

Die Windmühle östlich der Straße Mellenthin–B 111 ist die letzte Bockwindmühle Mecklenburg-Vorpommerns an ihrem Originalstandort. 1798 wurde sie vermutlich erbaut, 1898 verändert, mit der Stillegung 1937 begann der Verfall. 1997 wurde die Mühle wiederhergestellt.

KAMMINKE

(**121/D6**) Zum Trocknen aufgehängte Netze und Reusen, im Hafen dümpelnde Kutter, schreiende Möwen ... Wer auf der schmalen Straße in das Fischerdorf Kamminke (400 Ew.) kommt, glaubt sich am Ende der Welt. Ein wenig stimmt das sogar, denn weiter geht es in der Tat nicht: Im Süden das Kleine oder Stettiner Haff, im Osten die Grenze zu Polen. Einige Male am Tag wird es in der warmen Jahreszeit jedoch kurzzeitig lebhaft in dem Dorf, dann rollen unzählige Autos in Richtung Hafen, denn dort startet ein Fahrgastschiff zu zollfreien Einkaufsfahrten nach Polen. Deshalb besitzt Kamminke im Gegensatz zu anderen Dörfern auch einen gebührenpflichtigen Parkplatz.

Westlich des stillen Dorfes bietet die Steilküste schöne weite Blicke über das Kleine Haff bis nach Ueckermünde am gegenüberliegenden Festlandufer.

BESICHTIGUNG

Golm (**121/D5**)
★ Naturschutzgebiet nördlich von Kamminke mit den Resten eines bronzezeitlichen Burgwalls auf der höchsten Stelle. Von dort kann durch das Geäst der Bäume auf das polnische Świnoujście geschaut werden. Mit dem schlichten Ehrenmal (1972) wird der 23 000 Opfer des schweren Bombenangriffs der Alliierten auf Swinemünde vom 12. März 1945 gedacht, von denen die meisten am Golm bestattet wurden. Die Gräber am Denkmal sind eingeebnet. Der Marinefriedhof am Hang wurde für die verstorbenen Soldaten des Lazaretts Swinemünde angelegt, er ist auch Ruhestätte für die Besatzung des U-Boots 854 und die Toten anderer Kriegsschiffe. Auf dem Soldatenfriedhof wurden Kriegsopfer des Garzer Feldflugplatzes und die namentlich bekannten Wehrmachtsangehörigen des Bombenangriffs auf Swinemünde bestattet.

RESTAURANT

Seepferdchen
Im rustikalen Ambiente wird regionale Küche serviert. *Im Winter Mo geschl., An der Mühle 2, Tel. 038376/25 10, Kategorie 2*

ÜBERNACHTUNG

Haus Nordlichter
In einem gemütlich eingerichteten Neubau auf großem Grundstück sind Familien gern gesehene Gäste; Minigolf. *8 Ferienwohnungen (55 bis 80 qm, bis zu 6 Pers.), Dorfstr. 39, Tel. 038376/ 204 27, Fax 204 28, Kategorie 2*

Die turmlose Backsteinkapelle in Garz wurde mit Findlingen gebaut

STRAND UND SPORT

Ein kleiner Wiesenstrand, der flach ins Wasser führt, lädt westlich vom Hafen zum Baden. Von ihm startet tgl. ein Schiff nach Świnoujście mit zollfreiem Einkauf auf See.

AUSKUNFT

Zuständig für Kamminke (Postleitzahl 17419) ist:

Kurverwaltung Ahlbeck
Dünenstr. 45, 17419 Seebad Ahlbeck, Tel. 038378/244 14, Fax 244 18

ZIELE IN DER UMGEBUNG

Dargen (118/C–D4)
Kleine Sammlungen von *Trogmühlen* sind am Dorfteich und im Gehöft Haffstr. 20 zu sehen.

Zweiräder und Motorentechnik der DDR, auch viele andere interessante Exponate aus dem verflossenen Staat zeigt ein kleines *Museum* in der *Bahnhofstr. 1, April bis Okt. tgl. 9–19 Uhr.* Wer Glück hat, kann beim *Schmied* (dort, wo der Weg nach Bossin abzweigt) zuschauen, wie die Hufe eines Pferdes beschlagen werden. Der *Mini-Hafen* von Dargen (500 Ew.), 1,6 km vom Dorf entfernt, diente im Zweiten Weltkrieg als Umschlagplatz für das Munitionsdepot in der Mellenthiner Heide. Neu ist der von einem jungen, engagierten Ehepaar geführte *Gasthof t'n Eikbom* in Richtung Hafen, ein empfehlenswertes Gericht aus der lokalen Küche ist der mit Backpflaumen gefüllte Schweinerippenbraten mit Rotkohl und Salzkartoffeln. *5 Zi., Haffstr. 10c, Di Ruhetag, Tel. 038376/204 21, Kategorie 3*

Garz (120/C5–6)
Die Garzer haben die zu Tausenden herumliegenden Findlinge gut genutzt und im 15. Jh. damit die turmlose *Kirche* ihres Dorfes (230 Ew.) gebaut sowie das Fundament für den Altar und die Umfriedung der Anlage, zu der der freistehende Glockenstuhl (1854) gehört. Aus Findlingen errichtet wurde auch das große *Denkmal* vor der Kirche für die Gefallenen des Ersten Weltkrieges. Die beiden Votivschiffe im Kircheninnern sind etwa 200 Jahre alt.

Krebssee **(120/B4)**
Idyllisch in einer Waldschlucht liegender See nordwestlich von Kamminke. Um ihn führt ein mit gelben Punkten markierter Weg. Er beginnt in Korswandt (dort bestehen Parkmöglichkeiten) und hat eine Länge von 5,5 km. Der See sollte nicht mit dem Kleinen oder dem Großen Krebssee in der Usedomer Schweiz verwechselt werden.

Thurbruch **(119/D-F 2-3)**
Schnurgerade Entwässerungsgräben zerschneiden die ebene Moorlandschaft nordwestlich von Kamminke, durch das die gute, aber wenig befahrene Straße Reetzow–Ulrichshorst führt. Preußenkönig Friedrich II. ließ das 1,3 km lange Straßendorf *Ulrichshorst* in der zweiten Hälfte des 18. Jhs. anlegen, um Menschen für die Trockenlegung des Thurbruchs anzusiedeln. Die damals erbauten und noch heute vielfach rohrgedeckten Häuser stehen sämtlich an der Nordseite der Dorfstraße. Bei Kachlin wurde 1995 das letzte *Windkraftschöpfwerk* rekonstruiert, als technisches Denkmal kündet es heute weithin sichtbar von den Bemühungen, das Thurbruch trockenzulegen. Bis zur Spitze hat die Anlage eine Höhe von 11,75 m der Windraddurchmesser beträgt 8,45 m. Der Name Thur geht auf die Slawen zurück und bedeutet in deren Sprache Auerochse. Die soll es hier bis zum 17. Jh. in großer Zahl gegeben haben.

Zirchow **(119/F3)**
Kleines Dorf (500 Ew.) am Südostrand des moorigen Thurbruchs. Das Schiff der *St.-Jakobus-Kirche* ist das einzige aus dem 13. Jh. erhaltene auf der Insel, der aus Feld- und Backsteinen erbaute Turm wurde im 15. Jh. angebaut. Wenn in den vergangenen Jahrhunderten Söldnerscharen über die Insel zogen, verbarrikadierten sich die Menschen mit ihrem Vieh in dem Gotteshaus. Die Wandmalereien im Inneren hat das Mittelalter hinterlassen, bedeutend ist ferner das Kruzifix, das im 15. Jh. in die Kirche gekommen ist. Zirchow kann noch zahlreiche Häuser aus dem 18. Jh. vorweisen.

PEENEMÜNDE

(106/B-C5) In Peenemünde (600 Ew.) begann das moderne Raketenzeitalter. Jahrzehnte versperrte ein Schlagbaum hinter Karlshagen die Weiterfahrt: Peenemünde und die Nordwestspitze Usedoms waren militärisches Sperrgebiet, zunächst bei den Nationalsozialisten, später in der DDR.

Hitler ließ in Peenemünde seine Heeresversuchsanstalt errichten, das damals größte Forschungszentrum der Welt. Unter großer Geheimhaltung und der wissenschaftlichen Leitung von Wernher von Braun und dem militärischen Kommando von Oberst Walter Dornberger entstand hier ein völlig neuer Waffentyp: die erste automatisch gesteuerte Flüssigkeitsgroßrakete der Welt. Die ab Dezember 1942 in Serie hergestellten Raketen, ab Frühjahr 1943 in den Medien als Vergeltungswaffen propagiert, wurden vor allem in Angriffen auf London, Antwerpen, Lüttich und Rotterdam eingesetzt. Die Briten rächten sich im August 1943. Ihre Bomben verfehlten aber die Versuchsanlagen und

Peenemünder Goldschatz

Drei goldene Schmuckstücke fand die Waldarbeiterin Lüder am 16. April 1905, als sie im Peenemünder Forst Kiefern pflanzte. Die Stadt Wolgast, der dieser Wald gehörte, hoffte auf mehr und beauftragte den Förster, an der Fundstelle zu graben. Die Mühe lohnte sich, denn im Sand fanden sich noch fünf goldene Armspangen. Wissenschaftler ordnen den Goldfund der Region zu, aus der auch der berühmte Hiddenseeschmuck stammt, dessen Alter auf 1200 Jahre geschätzt wird. Frau Lüder quittierte drei Monate später den Finderlohn: ganze 120 Mark. Eine Nachbildung des Peenemünder Goldfundes ist im Museum in Wolgast ausgestellt, die Originale verwahrt das Kulturhistorische Museum Stralsund.

trafen die Wohnhäuser der Wissenschaftler und die Baracken der Zwangsarbeiter und Häftlinge. 130 Deutsche und 600 ausländische Arbeiter starben in jener Nacht. Wenn von Hitlers Raketenschmiede nicht viel übrigblieb, dann deshalb, weil die Sowjetarmee 1945 die Gebäude des Versuchsgeländes sprengte. Denn das Potsdamer Abkommen sah vor, Rüstungsbetriebe dem Erdboden gleichzumachen. Dem Dynamit trotzten lediglich die starken Mauern des Sauerstoffwerkes, das heute noch als Ruine in den Himmel ragt. In diesem Bauwerk wurde der für den Start der »Wunderwaffen« benötigte Flüssigsauerstoff produziert; fünf Tonnen schluckte der Tank der 14 m langen V-2-Flugkörper. Aus nationalsozialistischer Zeit stammt ebenfalls das gewaltige, damals modernste Kraftwerk Europas (1939–42), das bis 1990 Energie erzeugte. Zu DDR-Zeiten war Peenemünde Standort der Volksmarine und der Luftstreitkräfte. Die Bundesmarine beendete 1996 die 60jährige Militärpräsenz im Ort Peenemünde. Seitdem ist der Hafenbereich wieder öffentlich zugänglich. Die Nordwestspitze Usedoms, der Peenemünder Haken, steht schon seit 1925 unter Naturschutz.

BESICHTIGUNG

Kapelle

Die Friedhofskapelle von 1876 überstand die Bombardements im Zweiten Weltkrieg. Nach der Restaurierung 1993 zeigt sie sich wieder in alter Schönheit. Vor der Kapelle, gegenüber dem Historisch-technischen Informationszentrum, steht ein kleiner Gedenkstein: »Verzage nicht, Du Häuflein klein. Gustav Adolf landete hier im Mittsommer 1630. Deutsche Verehrer des Helden und Freunde seines Volkes errichteten 1930 diesen Stein.« Von *Mitte Mai bis Mitte Sept.* läutet *jeden Mi 18 Uhr* die Gedächtnisglocke. *Tgl. 9–18 Uhr*

MUSEUM

Historisch-technisches Informationszentrum

★ Die *Ausstellung* in der Bunkerwarte des Kraftwerkes gibt Einblick in die Raketentechnik und dokumentiert die Geschichte der Peenemünder Heeresversuchsanstalt. So zeigt ein großes Modell alle Anlagen von 1942/43. Ein nachgestaltetes Arbeitszimmer veranschaulicht die Arbeitsbedingungen der Ingenieure seinerzeit. *Videovorführungen* (Dauer 30 Min.) finden mehrmals am Tag statt (der Beginn wird angezeigt). Im stillgelegten Kraftwerk macht Sie die *Multivisionsshow* »... es begann in Peenemünde« mit der Geschichte der Weltraumforschung bekannt *(von 11 bis 17 Uhr stündlich, Dauer 25 Min.)*. Die *Aktivschau* »Energie erleben« dreht sich rund um die Solartechnik. Vor der Bunkerwarte steht in Originalgröße von 14 m ein Modell des legendären Aggregats 4, das später als Vergeltungswaffe 2 (V2) bezeichnet wurde. Ausgestellt sind auch Jagdflugzeuge und Hubschrauber sowjetischer Bauart, die auf dem Flugplatz der NVA in Peenemünde stationiert waren. Museum wurde das ebenfalls in der Sowjetunion gebaute 56 m lange Raketenschiff »Tarantul«, das am Hafen liegt. Zwischendurch können Sie sich stärken im einstigen *Feldsalonwagen* des DDR-Verteidigungsministeriums *(Kategorie 3)*. *April, Okt. Di–So 9–18 Uhr, Mai bis Sept. tgl. 9–18 Uhr, Nov.–März Di bis So 10–16 Uhr, Bahnhofstr. 28, Tel. 038371/205 73, Fax 205 74*

AUSKUNFT

Zuständig für Peenemünde (Postleitzahl 17449) ist:

Fremdenverkehrsamt An der Peenemündung
Hauptstr. 16, 17449 Karlshagen, Tel./Fax 038371/207 58

USEDOM

(117/D-E4-5) Die einzige Stadt der Insel (2200 Ew.) blieb ein liebenswerter und beschaulicher Ort. Sie vermochte nicht aus dem Schatten der Seebäder zu treten, in mancher Ecke glaubt man sich in frühere Jahrhunderte zurückversetzt. Kopfsteingepflasterte Straßen und kleine hellgetünchte Häuser, die sich aneinanderschmiegen, bestimmen das Stadtbild. Die Zierde sind oft die Eingangstüren, besonders schöne schmücken das Rathaus aus dem 18. Jh. und das Haus Markt 20.

BESICHTIGUNGEN

Anklamer Tor
Das Wahrzeichen der Stadt wurde um 1459 gebaut und ist

Anklamer Tor mit Walmdach und Marienkirche in Usedom

der Rest der mittelalterlichen Stadtbefestigung, zu der einst drei Tore gehörten. Es hat eine wechselvolle Geschichte, u. a. diente es als Gefängnis. Gegenwärtig beherbergt das Backsteinbauwerk ein kleines Heimatmuseum. *Anklamer Straße*

Marienkirche
Für das Städtchen dürfte die Kirche ein wenig zu groß geraten sein. Der wuchtige Backsteinbau steht mitten auf dem Marktplatz. Sein heutiges Aussehen bekam die dreischiffige Hallenkirche 1891–93, die Inneneinrichtung stammt auch aus dieser Zeit.

Schloßberg
Der Aufstieg wird mit einem herrlichen Blick auf die Stadt und den Usedomer See belohnt. Auf dem Berg versammelte Pfingsten 1128 Bischof Otto von Bamberg auf seiner zweiten Missionsreise nach Pommern die Slawenfürsten um sich und predigte ihnen das Christentum, mit Erfolg, wie wir heute wissen. An dieses Ereignis erinnert das mächtige Kreuz aus weißem Granit. Auf einer genau 800 Jahre später angebrachten Tafel sind die Worte des Bischofs zu lesen: »Gott will nicht erzwungenen, sondern freiwilligen Dienst.«

MUSEUM

Heimatstube
Eine Wendeltreppe führt im Anklamer Tor in das kleine sozialgeschichtliche Museum, mit Einblicken in den Alltag der Bauern und Fischer vergangener Jahrhunderte. *Geöffnet nach vorheriger Absprache mit der Stadtinformation. Anklamer Str.*

ÜBERNACHTUNG/RESTAURANTS

Norddeutscher Hof
Kleines, solides Hotel im Schatten der Marienkirche; im Restaurant stets frischer Fisch auf der Karte. *8 Zi., Markt 12, Tel. 038372/702 66, Fax 707 12, Kategorie 2*

Pension & Gasthaus Natzke
Preiswert und gut, das trifft auch auf die 8 Pensionszimmer zu. *Geschwister-Scholl-Str. 5, Tel. 038372/703 98, Fax 719 65, Kategorie 3*

Usedomer Hof
Zentrale Lage; großes Speisenangebot. *6 Zi., Markt 4, Tel./Fax 038372/702 67, Kategorie 3*

AUSKUNFT

Stadtinformation
Markt 7, 17406 Usedom, Tel. 038372/708 90, Fax 702 14

ZIELE IN DER UMGEBUNG

Lieper Winkel (113/D–F 3–5)
★ Fuchs und Hase sagen sich auf der ins Achterwasser ragenden Halbinsel im wahrsten Sinne des Wortes gute Nacht. Der flache Lieper Winkel gilt als Usedoms ruhigste Ecke. Die schönste Aussicht auf den Peenestrom bietet sich von der Steilküste bei Quilitz. Die *Ferienanlage Am Achterwasser* bietet 13 Ferienwohnungen (für 2–4 Pers.) und ein kleines, von Mai bis Mitte Okt. geöffnetes Café mit hausgebackenen Kuchen. *Dorfstr. 12, 17406 Warthe, Tel. 038372/75 20, Fax 752 52, Kategorie 2*

Morgenitz (117/F1)
Kleines Dorf (230 Ew.) nahe dem Südufer des Krienker Sees, einer

langgestreckten Bucht des Achterwassers. Die Gruft unter dem Altar seiner Kirche ist die älteste auf Usedom, in ihr ruht der schwedische Obrist Paul Weedeke von Borcke, gest. 1699, in einem kupfernen Prunksarg. Vor der Kirche gibt es noch einen riesigen *Findling* aus dem Gothensee zu sehen, den 16 Pferde an seinen jetzigen Platz geschleppt haben, und eine Sammlung von 23 alten *Trogmühlen*. Wer zur Erinnerung an Morgenitz ein Souvenir mitnehmen möchte: Hübsche Fayencen, Töpferwaren, Gartenkeramiken fertigen *Manfred und Astrid Dannegger, Dorfstr. 8.*

Suckow **(117/F2)**

★ Die imposanteste *Eiche* der Insel wächst auf einem Hügelgrab. Der Stammumfang des Baumes beträgt 6,50 m, die Höhe etwa 15 m, die Krone hat einen Durchmesser von 30 m. Der Baum, dem im Juli 1997 ein Sturm stark zusetzte, steht nördlich von Suckow, direkt an der Straße Usedom–Lieper Winkel.

Usedomer Winkel **(116/B–C5–6)**

Die südwestlichste Ecke Usedoms. Die 330 m lange Zecheriner *Bäderbrücke* (1931) verbindet ihn mit dem Festland. Vor dem Bau der Brücke war Zecherin ein Fährdorf. Zwei Prahme (flache Wasserfahrzeuge) besorgten das Übersetzen. Das Fährhaus befand sich dort, wo heute das *Restaurant Peene-Idyll* an der B 110 steht und hervorragend gebratenen Zander anbietet *(Tel. 038372/708 32, Kategorie 3).*

Was in der Nähe von *Karnin* riesig aus dem Wasser ragt, sind die Reste der 600 m langen Eisenbahn-Hubbrücke, die Usedom mit Kamp auf dem Festland verband. Die gewaltige, 1930–32 errichtete Stahlkonstruktion war Europas größte und modernste Eisenbahn-Hubbrücke, ihr Bau ein Meisterwerk der damaligen Zeit. Fanatische Nationalsozialisten sprengten die Brücke in den letzten Tagen des Zweiten Weltkrieges, die Sowjets ließen die 45,5 km langen Gleisanlagen von Ducherow nach Swinemünde als Reparationsleistung demontieren. Die Bemühungen, die Insel bei Karnin wieder mit dem Festland zu verbinden, halten unvermindert an, ein Verein versteht es immer wieder, die Karniner Hubbrücke in den Blickpunkt der Öffentlichkeit zu rücken. Doch wie der Wiederaufbau finanziert werden soll, vermag auch er nicht zu sagen. In Karnin verdient noch der denkmalgeschützte Lotsenturm Aufmerksamkeit, fälschlicherweise oft als Leuchtturm bezeichnet. 1938 errichtet, wurde er nur bis 1945 genutzt. Hinter dem Turm die *Gaststätte Haffschänke* mit fangfrischem Fisch im Angebot; Garten und Bootshafen *(Tel. 038372/703 75, Kategorie 3).* Im benachbarten Dorf Mönchow fällt die an der Straße stehende restaurierte Kirche durch ihren Fachwerkturm auf. Sollte geöffnet sein, lohnt der Blick ins Innere wegen einer bemalten Holzdecke. Bei *Westklüne* hinter Wilhelmshof geht es nicht mehr weiter, die *Kehle* versperrt den Weg: So wird die schmale Wasserrinne genannt, die den Usedomer See mit dem Kleinen Haff verbindet. In dieser Ecke Usedoms gibt es bedeutend mehr Mäusebussarde, Kormorane und Schwäne als Wanderer auf den Wegen.

Usedoms kleine Schwestern

Vom Militär- zum Naturschutzgebiet

Jahrzehnte waren die Greifswalder Oie und der Ruden militärisches Sperrgebiet, Touristen konnten sie nur vom Festland aus mit dem Fernglas betrachten.

1937 richteten sich die Peenemünder Raketenforscher auf den beiden kleinen Inseln ein, nach dem Zweiten Weltkrieg nahm sie die Rote Armee in Besitz, später waren hier die Grenztruppen der DDR stationiert. Die 54,7 ha große Greifswalder Oie wird gern »Helgoland der Ostsee« genannt, der 27 ha große Ruden diente jahrhundertelang, bis 1972, als Lotseninsel. Geschichtsträchtig sind beide Inseln. So wird von einer der größten Seeschlachten erzählt, die um 1000 bei der Greifswalder Oie zwischen den norwegischen Wikingern sowie den Schweden und Dänen getobt habe. Der Norwegerkönig Olaf I. Tryggrisson, gewappnet und mit einer goldenen Rüstung bekleidet, soll sich in den Fluten ertränkt haben, um der Schmach der Niederlage und Gefangenschaft zu entgehen.

Einsamkeit, Steilküste und Vogelparadies auf der Greifswalder Oie

Die goldene Rüstung wartet nun schon über 1000 Jahre darauf, gefunden zu werden.

Beiden Inseln hat die Natur in den vergangenen Jahrhunderten arg mitgespielt, unaufhörlich nagten Sturm und Wasser an ihren Uferrändern. Die Greifswalder Oie hat allein in den Jahren 1690–1728 fast ein Viertel ihrer Fläche verloren, der Ruden soll heute nur noch ein Drittel so groß wie vor 300 Jahren sein. Die schwere Sturmflut 1872 riß an der Ostseite mehr als 20 m Land und an der Westseite bis zu 13 m weg, die Häuser standen damals einen Meter unter Wasser. Die Sturmflut zu Silvester 1904 entwurzelte mehr als 70 starke Bäume. Ohne das Eingreifen der Menschen seit dem vorigen Jahrhundert würde es die Insel Ruden heute nur noch als Sandbank geben. Als Naturkleinode stehen beide, die Greifswalder Oie und der Ruden, unter Schutz. Die markierten Rundwege dürfen deshalb nicht verlassen werden. Übernachtungsmöglichkeiten bestehen nicht, sie sind auch nicht vorgesehen; Camping ist verboten. Es gibt keine Gaststätten und Imbißstände, öffentliche Toilet-

MARCO POLO TIPS FÜR DIE GREIFSWALDER OIE UND DEN RUDEN

1 **Shetland-Ponys**
Wild und neugierig lebt die Herde auf der Greifswalder Oie (Seite 77)

2 **Insel-Rundgang**
Unberührte Natur und Grenzgeschichte auf Ruden (Seite 79)

ten sind nicht vorgesehen, die Touristen werden gebeten, die Schiffstoiletten zu nutzen; Rauchen ist verboten. Zur Greifswalder Oie dürfen Hunde nicht mitgenommen werden. In den Sommermonaten sollten Sie Mückenschutzmittel nicht vergessen, damit Ihr Aufenthalt nicht getrübt wird.

GREIFSWALDER OIE

(**O**) 1550 m in der Länge mißt die Greifswalder Oie, an der breitesten Stelle sind es 570 m. Das Inselchen hat etwa die Größe von Monaco. Im Frühjahr überzieht ein Blütenteppich das Eiland, im Herbst reifen Brombeeren, Hagebutten, Haselnüsse, Birnen und Äpfel. Die Stechpalme, deren korallenrote Steinfrüchte giftig sind, hat auf der Insel ihr östlichstes Vorkommen.

1670 machte der schwedische Feldherr Carl Gustav Wrangel die Insel zu seinem Jagdrevier, nachdem er sie von der Stadt Greifswald »auf Lebenszeit« pachten konnte. Offensichtlich aber hat er alle Rehe, Hirsche, Wildschweine und Hasen abgeschossen, denn Wild gibt es auf der Greifswalder Oie schon lange nicht mehr. Nach dem Ersten Weltkrieg avancierte die Insel zum beliebten Reiseziel, von Rügen und Usedom aus starteten regelmäßig Kaffeefahrten. Sogar eine Pension wurde 1928 im Inselhof eingerichtet, später bot das in den 60er Jahren abgerissene Seemannsheim Unterkünfte.

Nach dem Abzug der letzten Militärs im Februar 1991 gab es um die Zukunft der Greifswalder Oie viel Gerangel. Ein Hamburger Unternehmer wollte einen Flughafen für Sportflieger errichten, ein belgischer Geschäftemacher bot 5 Mio. Mark, um aus dem rauhen Eiland eine exklusive Bestattungsstätte für »auserwählte Sterbliche« zu machen; 100 000 Mark sollte eine Grabstätte kosten. Umwelt- und Naturschützer fegten alle diese Pläne vom Tisch, die Oie wird Vogelparadies bleiben. Sie wurde Eigentum des Landes Mecklenburg-Vorpommern, der Vogelschutz-Verein Jordsand bekam einen Betreuungsvertrag.

ANREISE

In den Sommermonaten fahren mehrmals in der Woche Schiffe zur Greifswalder Oie, der Aufenthalt beträgt meist 2 Std. Auskunft über die Abfahrtsorte und -zeiten geben die Tourist-Informationen und Kurverwaltungen.

RUNDGANG

Der kleine Hafen an der Südwestspitze der Insel, in dem die Fahrgastschiffe die Touristen an Land setzen, ist Liegeplatz für den Seenotkreuzer »Fritz Behrens« (Länge 23,3 m, 2076 PS, 20 Knoten Geschwindigkeit) mit seinem Tochterboot »Anna« (7 m lang, Tiefgang 60 cm, 180 PS), beide werden von Rügen bis an die polnische Grenze eingesetzt. Schiffe dürfen nur in Notsituationen oder bei widrigen Witterungsverhältnissen anlegen. Am Hafen beginnt der ausgeschilderte Rundweg, der zu einem naturkundlichen Lehrpfad ausgebaut wird; er führt am Schuppen der Deutschen Gesellschaft zur Rettung Schiffbrüchiger vorbei zum schräg gegenüberstehenden schneeweißen Haus, in dem die diensthabende Besatzung des Seenotkreuzers wohnt. Einst beherbergte das alte Bauernhaus den Inselkommandanten und seine Familie. Im Inselhof, früher Bauernhof und Pension, hat der Verein Jordsand eine naturkundliche Forschungs- und Beobachtungsstation eingerichtet, eine kleine Ausstellung vermittelt Wissenswertes. ★ Spätestens vor dem Inselhof werden sich zu Ihnen kleine Begleiter gesellt haben: Shetland-Ponys, die sich seit 1977 auf der Insel tummeln. Die kleinen, genügsamen Vierbeiner hat der Rostocker Zoo 1977 auf die Insel gebracht, damit sie das Gras niedrighalten. Rund 30 Ponys, die völlig in freier Wildbahn leben, stromern das ganze Jahr über auf der Greifswalder Oie herum. Sie heften sich an die Füße der Touristen, denn die bilden im Sommer die einzige Abwechslung im Tieralltag. Die Ponys nähern sich den Besuchern als Bettler und Wegelagerer. Wer sie füttert, hat die Herde auf dem gesamten Inselrundgang an seiner Seite! Das Füttern sollte auch unterbleiben, weil es schon zu Ernährungsstörungen und mehrfach zum Tod der an die natürliche Nahrung angepaßten Tiere führte. »Achten Sie auf Ihre persönliche Ausrüstung«, werden die Inselbesucher gewarnt, »damit sie nicht der Neugier der Ponys zum Opfer fällt.«

Der betonierte Weg, der bis zur Inselmitte reicht, stammt noch aus der Zeit vor 1945. Am Generatorenhaus vorbei kommen Sie zur östlichen Steilküste. Bei gutem Wetter ist Usedom gut erkennbar. Von der Höhe aus können Sie Möwen, Seeschwalben, Kormorane und Schwäne beobachten. Die am Boden brütenden Vögel wurden schon vor Jahren von Füchsen verjagt, die in Sandsteinhöhlen am südlichen Steilufer und im Busch leben, einem 4 ha großen Eichen-Eschen-Buchen-Wald im Nordosten. Wenn Sie aus dem Wald treten, ist der 38,6 m hohe, achteckige Leuchtturm zu sehen, das höchste Bauwerk seiner Art an der Küste Mecklenburg-Vorpommerns. Leider dürfen Besucher die 176 Stufen nach oben nicht erklimmen, deshalb für technisch Interessierte einige Details: Die Glühlampe hat eine Leistung von 2000 Watt, der Strom wird von einem Dieselaggregat erzeugt. Alle 3,8 Sekunden blitzt 0,2 Sekunden lang ein weißer Strahl, der 48 km weit gesehen werden kann. Der Leuchtturm auf der Greifswalder Oie hält den Rekord unter den Ostsee-Leuchttürmen, denn er strahlt am weitesten. Zur Einweihung des Turms kam 1855 Preußenkönig Friedrich Wilhelm IV. auf die Insel. Einen guten Eindruck haben die Bewohner bei ihrem Regenten jedoch nicht hinterlassen, wenn zeitgenössischen Berichten geglaubt werden darf: Der Empfang war »nicht sehr respektvoll, und Majestät erbosten sich über den Fliegendreck auf dem Herrscherbild, das er in einer Bauernstube erblickte«. Bis zur Übergabe des Leuchtturms diente der Schiffahrt eine Leuchtbake (1832) als Wegweiser, die sich noch in gutem baulichem Zustand befindet. Sie steht nicht am Rundweg, ist aber hinter dem Leuchtturm zu sehen. Vom Norden der Insel blickt man bis nach Rügen. Seit 1913 umschließt ein Steinwall fast die ganze Insel. Die gut getarnten Garagen in Leuchtturmnähe bauten die Luftstreitkräfte der NVA der DDR.

RUDEN

(**106/B–C1**) Schon seit 1925 gehört die 800 m lange und maximal 375 m breite Insel zum Naturschutzgebiet Peenemünder Haken, Struck und Ruden. Die den Ruden umgebenden Flachwasserbereiche zählen zu den bevorzugten Rastgebieten von Wasservögeln; auf der Südspitze, dem sogenannten Riff, rasten in den Sommer- und Herbstmonaten Tausende von Kormoranen. Der nördliche Inselteil besteht aus bis zu 7 m hohen bewaldeten Sand-

Shetlandponys können sich wie Rowdys benehmen

dünen. Kiefern, Eichen und Buchen wachsen hier, an der Südspitze sind es vor allem Dünengräser, gelegentlich aber auch wilde Rosen, Stranddisteln und Wacholder. Östlich und westlich der Insel stehen zwei Leitfeuer im Wasser, die alle sechs Sekunden einen Lichtstrahl aussenden, der den Kapitänen und Schiffsführern in diesem gefährlichen Seegewässer bei der Navigation hilft.

Um die Insel vor der Meeresbrandung zu schützen, wurde 1905 am Südende ein Betonwall gebaut, der 1200 m lang ins Meer ragt. Das brachte dem Ruden scherzhaft den Beinamen »Silberplatte Deutschlands« ein. Denn mit dem Geld, das der Schutzwall damals kostete, hätte man die gesamte Insel mit silbernen Fünf-Mark-Stücken pflastern können.

ANREISE

Mehrmals wöchentlich fahren in den Sommermonaten Schiffe zur Insel Ruden, der Landgang beträgt meist 1 Std. Über die Abfahrtszeiten und -orte informieren die Tourist-Informationen und Kurverwaltungen, zum Beispiel in Karlshagen.

RUNDGANG

★ Der markierte Lehr- und Wanderpfad beginnt am kleinen, für Sportboote nicht zugelassenen Hafen auf der Ostseite, der in den 70er Jahren für die Grenzabfertigung ausgebaut wurde. Hier saßen DDR-Grenzoffiziere und Zöllner, penibel kontrollierten sie jedes vorbeifahrende Boot, hier erfolgte auch das zeitaufwendige Ein- und Ausklarieren der Fischkutter, obwohl sie nur in heimischen Gewässern fangen wollten. Die staatlichen Kontrolleure, darunter Mitarbeiter der Staatssicherheit, hatten ihr Domizil in der Finnhütte am nördlichen Hafenende.

Der weitere Weg führt durch unberührte Natur, den Blick aufs Wasser versperrt an der Ost- und Nordseite eine aus Feldsteinen errichtete, mannshohe Schutzmauer (1904). Von der Westseite aus können Sie auch über den Greifswalder Bodden nach Rügen und zu den Kirchtürmen von Greifswald blicken. Vorbei am Lotsenturm, den später die DDR-Grenzsoldaten nutzten, führt der Weg zu den ehemaligen Lotsenhäusern in Hafennähe. Der Turm an der Südspitze der Insel stammt aus der Zeit der Braunschen Raketenforschung, er wurde als Meßstation für die in Peenemünde gestarteten V2-Versuchsgeschosse genutzt. Seit dem Abzug der Armee stehen die Bauwerke bis auf eins leer und verkommen zusehends. Manches von ihnen könnte einer umweltverträglichen Nutzung dienen, der Turm beispielsweise für die Vogelbeobachtung.

Auf der Insel leben einige Füchse, die im Winter 1988 über das Eis gekommen sind. Hin und wieder schwimmen im Herbst Wildschweine auf das Eiland. Wenn sie festgestellt haben, daß es hier nur wenig zu fressen gibt, ziehen sie sich meist nach wenigen Tagen wieder auf ihre Heimatinsel Usedom zurück. Seit 1995 wird die Insel ganzjährig durch eine kleine Schafherde beweidet.

polferries
PILOT 64
SZCZECIN

Das polnische Usedom

Vom einst mondänen Swinemünde zum Nationalpark Wolin und nach Stettin

Ein Tagesausflug von Ahlbeck in den polnischen Teil Usedoms ist für die meisten obligatorisch. Nicht wenige quartieren sich aber auch im polnischen Świnoujście (Swinemünde) oder auf der Nachbarinsel Wolin in Międzyzdroje (Misdroy) ein und entdecken von dort aus den deutschen Teil der Insel.

Bereits vor über hundert Jahren verlor Usedom seinen südöstlichsten Zipfel mit dem Dorf Karsibór (Kaseborg), als von 1875 bis 1880 der 12 km lange Kanal Piastowski (Kaiserfahrt) gegraben wurde. Dieses Fleckchen Erde, von der Neuzeit fast vergessen, ist heutzutage nur von der Insel Wolin aus über eine schmale Brücke erreichbar. Bevor die Straße Karsibór erreicht, führt sie am einstigen, von den Nationalsozialisten erbauten U-Boot-Hafen vorbei. Swinemünde war neben Kiel Standort der deutschen U-Boot-Flotte.

Der Grenzübergang Ahlbeck/ Świnoujście an der B 111 ist nur für Fußgänger und Radfahrer zugelassen, das Auto muß zurückbleiben. Direkt an der Grenze besteht ein gebührenpflichtiger Parkplatz für etwa 400 Pkws, ist er voll, bleibt Ihnen nichts anderes übrig als zu warten. In den Sommermonaten dauert das manchmal bis zu 3 Std. Gut beraten ist, wer mit der Bäderbahn fährt, die 1997 bis zur Grenze verlängert wurde. Von der Endhaltestelle am Parkplatz sind es nur wenige Schritte bis zur Paßkontrolle. Taxen stehen in Ahlbeck am Bahnhof und auf dem Parkplatz bei der Tankstelle an der B 111. Auf polnischer Seite warten Dutzende von Taxen und Pferdekutschen auf die zahlungskräftigen Gäste aus Deutschland.

Fährhafen von Swinemünde

ŚWINOUJŚCIE (SWINEMÜNDE)

☛ **Stadtplan in der hinteren Umschlagklappee**

(**121/D–E3–4**) Bedeutender Handels- und Fährhafen und bei den Polen ein beliebter Urlaubs- und Kurort. Behandelt werden Erkrankungen der Atemwege und der Haut sowie Herz- und Kreislauferkrankungen. Der Kurort mit seinen Villen und Pensionen wird durch einen weitläufigen

Park mit Waldflächen von der übrigen Stadt getrennt. Das 300 m breite Band der Swina (Swine) zerschneidet die Stadt (45 000 Ew.) in zwei Teile. Das Zentrum und der Kurbereich im Westen erstrecken sich auf Uznam (Usedom), die Vororte liegen östlich auf der Insel Wolin. Fähren (Benutzung kostenlos) tuckern rund um die Uhr über die Swina, einen Fluß ohne Quelle, der einen Großteil des Oderwassers, das ins Stettiner Haff strömt, mitnimmt und zur Ostsee führt. Von 4 bis 22 Uhr werden nur Pkws von Einheimischen befördert, alle anderen müssen sich in dieser Zeit 7,5 km südlich bei Karsibór übersetzen lassen. Wer seinen Pkw im Świnoujścier Stadtzentrum sicher abstellen möchte: Rund um die Uhr wird der *Parkplatz* in der *ul. Dobrowskiego (Querstraße von der ul. Konstytucij 3. Maja)* bewacht.

Swinemünde war lange Zeit Deutschlands größtes Seebad. Hierher reiste, wer seinerzeit Macht und Geld hatte. Die Stadt war, bis die Alliierten sie im Potsdamer Abkommen Polen zusprachen, das Verwaltungszentrum der Insel. In der Weimarer Zeit war Swinemünde Marinestandort. Heute ist die Stadt wieder Flottenstützpunkt, an den zahlreichen Kriegsschiffen im Hafen leicht zu erkennen. Fährverbindungen bestehen nach Ystad in Schweden (zweimal tgl.), Kopenhagen (fünfmal in der Woche) und Bornholm (einmal in der Woche).

BESICHTIGUNGEN

Hafen

Rundfahrten (Dauer eine Std.) durch den Hafen beginnen am westlichen Swina-Ufer (nördlich der Stadtfähre). Zwei lange Molen (1818–23) schützen den Hafen vor dem Versanden. Charakteristisch für die Westmole ist die weiße Leuchtbake, ein Seezeichen in Form einer Windmühle. Neuerdings darf man auf der Ostmole wieder spazieren.

Kirchen

Die evangelisch-lutherische König-Christus-Kirche entstand 1788–92 *(ul. Konstytucji 3. Maja)*. Die katholische Kirche wurde 1895 erbaut *(ul. Piastowska Mieszka I.)*. Von der 1945 zerstörten Lutherkirche (1903) steht nur noch die Turmruine. *ul. Paderowskiego/Ecke ul. Pilsudskiego*

Kurviertel

Das traditionsreiche Kurviertel wurde im Zweiten Weltkrieg glücklicherweise verschont, nach 1945 verkamen viele der schönen Bauwerke. In der *ul. St. Zeromskiego,* der *ul. Juliusza Slowackiego* und den Querstraßen sind schöne Beispiele der verspielten Bäderarchitektur zu sehen. Sie lassen ein wenig das Flair jener Zeit erahnen, als sich hier die kaiserliche Gesellschaft traf.

Leuchtturm

Mit 68 m der höchste an der polnischen Ostseeküste (1857–59). *Auf dem östlichen Swina-Ufer*

MUSEUM

Seefahrts- und Fischereimuseum

Tiere der Ostsee, Fischereikunde sowie Stadtgeschichte. Auch Fotos vom alten Swinemünde. Im ehemaligen Rathaus. *Di–Fr 9 bis 16 Uhr, Sa, So 11–16 Uhr, Plac Rybacki 1*

MARCO POLO TIPS FÜR ŚWINOUJŚCIE

1 **Markt**
Schnäppchen-Dorado an der ul. Wojska Polskiego (Seite 83)

2 **Nationalpark Wolin**
Die Uralte, ein türkisfarbener See und Wisente (Seite 84)

RESTAURANTS

Albakora
Deftige, preiswerte Küche, die Speisekarte hängt in Deutsch aus. *ul. Konstytucij 3. Maja 6, Kategorie 3*

Baron
Hier sitzt und speist es sich verhältnismäßig gut. *ul. Bohaterow Wrzesnia 14, Kategorie 3*

EINKAUFEN

★ Tausende von Konsumwilligen strömen von Ahlbeck aus täglich über die Grenze zum *Polenmarkt* an der *ul. Wojska Polskiego* (400 m nach dem Grenzübergang) und an der *ul. 11. Listopada.* Dort beginnt für die Deutschen das Schnäppchen-Dorado, für die Polen die Jagd nach der Deutschen Mark.

Die Geschäfte haben *Mo–Fr von 10 bis 18 Uhr, Sa oft 10–14 Uhr geöffnet, manche auch an Sonn- und Feiertagen.* Hier muß mit polnischen Zloty bezahlt werden.

ÜBERNACHTUNG

Hotel Polaris
Modernisiert, ruhig im Kurviertel gelegen; alle Zimmer mit Dusche/WC, Tel., TV. *34 Zi., ul. Juliusza Slowackiego 33, Tel. 0048/91/321 24 37, Fax 321 54 12, Kategorie 3*

Camping Relax
In der Nähe von Kurpromenade und Strand. *Geöffnet Mai–Okt., ul. Juliusza Slowackiego 5, Tel. 0048/91/321 39 12*

STRAND UND SPORT

4 km langer und bis zu 70 m breiter weißer Sandstrand, an dem keine Strandkörbe mehr stehen. *Tennisplätze* an der *ul. Jana Matejki, Hallenbad* hinter den Dünen an der *ul. St. Zeromskiego.*

AUSKUNFT

Touristisches Informationszentrum
Pl. Slowianski 15, 72-600 Świnoujście, Tel./Fax 0048/91/322 49 99

ZIELE IN DER UMGEBUNG

Międzyzdroje (Misdroy) **(O)**
Seebad mit breitem, feinem Sandstrand. Międzyzdroje (6000 Ew.) war vor dem Zweiten Weltkrieg eines der beliebtesten und elegantesten deutschen Seebäder. Den Strand begleitet eine 2,2 km lange *Promenade.* Die 1988 zerstörte *Seebrücke* wurde in einer stark verkürzten Form wieder aufgebaut. Das *Woliner Nationalparkmuseum* befindet sich im Ortszentrum *(Di–So 9–16 Uhr, ul. Niepodleglosci 3).* Westlichen Ansprüchen gerecht wird das zur Vienna International Hotelmana-

gement AG gehörende *Hotel Amber Baltic:* direkt am Strand gelegen mit Hallenbad, Schwimmbad im Freien, Sauna, Kegelbahn, Tennisplätzen und dem 12 km entfernten 9- und 18-Loch-Golfplatz. *192 Zi., auch behindertengerechte. (alle mit Blick zum Meer), ul. Bohaterów Warszawy 26 a, PI-72-510 Międzyzdroje, Tel. 0048/391/213 30, Fax 213 27, Kategorie 1*

Nationalpark Wolin **(O)**

★ Der 47 qkm große Park (Wolinski Park Narodowy) erstreckt sich von der Pommerschen Bucht (Zatoka Pomorska) bis zum Oderhaff (Zalew Szczecinski). In den Laub- und Mischwäldern verstecken sich kleine Seen, besonders schön liegt der *Jezioro Turkusowe* (Türkiser See) bei Wapnica (Kalkofen), eine alte Kreidegrube mit kristallklarem Wasser, das bei Sonnenschein türkisblau schimmert. Eine Vorstellung von den einstigen Urwäldern vermittelt in Wapnica die *Prastary* (Uralte) genannte Eiche, deren Stammumfang 6,80 m beträgt. Ihr Alter wird auf 1000 Jahre geschätzt. Zu den malerischsten Winkeln gehört das Dorf *Lubin* (Lobbin) mit seiner *Steilküste*, die einzigartige Blicke auf das Haff gestattet. Ein *Schaureservat für Wisente* (Rezerwat Zubrów) wurde 1976 etwa 2,7 km vom Międzyzdroje-Zentrum entfernt eingerichtet *(geöffnet Mai–Okt. tgl. 10–18 Uhr, Nov.–April tgl. 9 bis 15 Uhr)*. Durch den Nationalpark, der den Zentralteil der 265 qkm großen Insel Wolin umfaßt, führen zahlreiche markierte Wanderwege. Charakteristisch sind flache Dünen und steile, bis zu 90 m hohe Kliffküsten, die schroff zur Ostsee und zum Haff abfallen.

Szczecin (Stettin) **(O)**

Die wirtschaftliche und kulturelle Metropole (420 000 Ew.) im Nordwesten Polens. Ein mit roten Balken auf dem Straßenpflaster markierter *Rundgang* führt zu 42 Sehenswürdigkeiten im Stadtzentrum. Wer in Eile ist, sollte sich wenigstens das *Alte Rathaus* (15. Jh., *Plac Rzepichy 1)* anschauen, innen das *Museum für Stadtgeschichte (Mo, Do 10–17 Uhr, Mi, Fr 9–19.30 Uhr, Sa, So 10 bis 16 Uhr)* sowie das *Renaissanceschloß* der Pommerschen Herzöge (16./17. Jh.). Im Zweiten Weltkrieg völlig zerstört, in den Nachkriegsjahren wieder aufgebaut, beherbergt es heute u.a. das Kulturzentrum der Region Szczecin. Vom Glockenturm haben Sie einen herrlichen Blick auf die Stadt und den Hafen. Ebenfalls wieder aufgebaut wurde die gotische *Jakobikirche* (14./15. Jh.) an der *ul. Wyszynskiego*. Das barocke *Hafentor (Brama Portowa,* einst Berliner Tor) stammt von 1724–40, das *Königstor (Brama Królewska,* einst Anklamer Tor) von 1806. Auf den Chrobry-Wällen oberhalb des Hafens sind vier Gebäude sehenswert: die Seefahrtsschule, das Meeresmuseum *(Di, Do, Sa, So 10–17 Uhr, Mi, Fr 9–15.30 Uhr)*, das Theater und das Wojewodschafts-Verwaltungsgebäude im Neurenaissancestil. Wenn die Beine pflastermüde sind, können Sie sich bei Kaffee und Kuchen im *Café Vega* im Schloß ausruhen. Vorzügliche internationale Speisen bietet das *Restaurant Renaissance* des *Radisson Hotel Szczecin (Plac Rodla 10, Kategorie 1)*.

Für Tagesausflügler vom deutschen Teil Usedoms ohne Pkw empfiehlt sich von Świnoujście aus die Reise nach Szczecin mit der Eisenbahn. Tgl. gibt es 18 Abfahrten, der Bahnhof liegt auf dem Ostufer der Swina (nahe der Stadtfähre), die Fahrt dauert etwa 2 Std.

Wolin (O)
Nach Auffassungen von Wissenschaftlern ging das Städtchen Wolin (3500 Ew.) aus dem sagenhaften im Meer versunkenen Vineta, auch Jumneta oder Julin genannt, hervor. Das sollen umfangreiche archäologische Grabungen ergeben haben. Adam von Bremen, ein deutscher Geschichtsschreiber des 11. Jhs., bezeichnete Vineta als eine der größten Städte im damaligen Europa. An eine große Vergangenheit, mag es nun die Vinetas oder Wolins sein, erinnern *Grabhügel* aus dem 12. Jh. am Rande der existierenden Stadt am Stettiner Haff (**U/F5–6**). Einige der Ausgrabungsstücke befinden sich im *Andrzej-Kaube-Heimatmuseum (Di bis Sa 9–14 Uhr, 14.30–16 Uhr, So 9–14 Uhr, ul. Zamkowa 24).* Die gotische *Nikolaikirche* wurde, wie 70 Prozent der gesamten Stadt, am Ende des Zweiten Weltkrieges zerstört. Ihr Turm kann bestiegen werden.

Wuchtige Neurenaissance-Bauten auf den Chrobry-Wällen in Stettin

Geschichte und Geschichten

Die hier beschriebenen Routen sind in der Übersichtskarte im vorderen Umschlag und im Reiseatlas ab Seite 106 grün markiert

① ERSTE EINDRÜCKE MIT DER BÄDERBAHN

Vom Nordwesten Usedoms, Wolgaster Ort genannt, durchziehen die Schienen der Bäderbahn die Insel. Die Fahrt auf dem längeren Streckenabschnitt führt ostwärts bis zur polnischen Grenze. Viele Usedombesucher verschaffen sich mit dem Bahnausflug auf bequeme Weise einen ersten Eindruck von der Insel. Doch nur die wenigsten wissen von der Vergangenheit der Eisenbahn, die eng mit der Geschichte der Badeorte verwoben ist. Die Fahrt vom Bahnhof Wolgaster Fähre bis zum Haltepunkt Ahlbeck-Grenze ist 40 km lang und dauert 69 Minuten.

Seit 1993 setzt die Deutsche Bahn auf Usedom moderne Triebwagen ein, so daß die Bahn jetzt eine wirkliche Alternative zum Omnibus- und Autoverkehr ist. Tatsächlich nutzen die Inselbesucher dieses Angebot; so zählte 1992 die Bäderbahn 250 000 Fahrgäste, gegenwärtig sind es jährlich etwa 1,3 Millionen.

Vom Ausgangspunkt *Wolgaster Fähre* geht es auf einer schnurgeraden Gleisstrecke zum ersten Halt in *Bannemin-Mölschow (S. 54),* dann weiter nach *Trassenheide (S. 54)* und *Zinnowitz (S. 58).* Hier teilt sich der Schienenstrang; wer Richtung Nordwesten nach *Karlshagen (S. 49)* und *Peenemünde (S. 69)* möchte, steigt um und fährt noch 16 Minuten bis zum 12 km entfernten Peenemünde. Das Gleis zum nördlichsten Ort Usedoms wurde 1936 gelegt, um die dort entstehende Heeresversuchsanstalt der Nazis an das Bahnnetz anzuschließen. Zeitweise beschäftigte die NS-Raketenschmiede bis zu 9500 Menschen, die in Zinnowitz und Karlshagen wohnten und zu ihrem Arbeitsplatz gelangen mußten. Nach dem Zweiten Weltkrieg tauchte die Werkbahn Zinnowitz–Peenemünde erst 1955 wieder im amtlichen Kursbuch auf. Zu DDR-Zeiten, von 1963 bis 1989, durfte von Karlshagen nur weiterfahren, wer die Genehmigung zum Betreten des Armeesperrgebietes vorweisen konnte.

Im Frühjahr 1945 endete der gesamte Zugverkehr auf Usedom, ein SS-Kommando hatte die stählerne Bahnbrücke über die B 111 gesprengt. Doch bereits im Dezember 1945 fuhren wieder Züge. »Zur Zeit besteht Fahrgelegenheit an drei Tagen in der Woche von Seebad Ahlbeck nach Wolgast Fähre und zurück«, informierte die zuständige Reichsbahn Greifswald. Die Verbindung zum Festland aber war unterbrochen, denn die SS hatte die Kaniner Hubbrücke in den letzten Kriegstagen gesprengt. Später wurden die Gleise von Ducherow über Kanin nach Swinemünde und Ahlbeck von den russischen Alliierten als Reparationsleistung demontiert.

Von Zinnowitz nach Zempin ist es noch ein Katzensprung, 12 km Bahnstrecke haben Sie bis hier zurückgelegt. In *Zempin (S. 57)* setzte der Ferienverkehr spät ein, erst 1930 ist im Bäderführer vom »Ostseebad« die Rede. Deshalb bekam Zempin um 1935 das eingeschossige Bahnhofsgebäude. Kurz nach Zempin passieren Sie Usedoms schmalste Stelle, die Bahngleise und die B 111 verlaufen fast nebeneinander. Erst zwei Jahre nach der Eröffnung dieses Streckenabschnitts richtete die Sturmflut im Dezember 1913 schwere Schäden an, die Gleise wurden unterspült, die Bahn konnte mehrere Monate nicht fahren. Schauen Sie links aus dem Fenster und sehen Sie den Deich, der heute das nur 330 m breite Landstück vor der Ostsee schützt.

Über *Koserow (S. 51)* mit seinem Bahnhofsgebäude von 1915 geht es weiter nach *Kölpinsee (S. 50)*. Linker Hand schimmert das Grün des Sees durch, der dem Badeort seinen Namen gab. Auf der Weiterfahrt nach *Ückeritz (S. 55)* leuchtet rechter Hand hinter den Wiesen das weite Blau des Achterwassers. Nach Ückeritz stoppt der Zug an dem einsam liegenden *Schmollensee*. Damit haben Sie den Ostteil der Insel erreicht, Usedoms schönste Region. Nach *Bansin (S. 43)* macht die Bahn einen großen Bogen, um den Präsidentenberg bei *Heringsdorf (S. 45)* zu umfahren. Dieser Umweg hat einen unterhaltsamen Grund. 1894 bekam Heringsdorf Bahnanschluß und das backsteinerne Bahnhofsgebäude mit aufwendigen Holzsägearbeiten am Dach. Wer weiter in die nördlich liegenden Orte wollte, nach Koserow oder Zinnowitz beispielsweise, mußte in Pferdedroschken umsteigen. 1911 wurde die Strecke verlängert, das Gleis von Heringsdorf bis zum Nachbarort Bansin sollte geradlinig verlaufen, mitten durch den Ort und die Tennisanlage. Das rief die Aktionäre der »Aktiengesellschaft Seebad Heringsdorf«, überwiegend Berliner Bankiers, auf den Plan. Durch den Rauch der Lokomotiven und das Rattern der Wagen sahen sie die Anziehungskraft von Heringsdorf und dadurch den Wert ihrer Aktien sinken. Ihr Einfluß bei den Regierenden in Berlin war groß: Heringsdorf bekam einen Kopfbahnhof, in dem aufwendig rangiert werden mußte, die Gleise wurden nicht durch den Ort verlegt, sondern im großen Bogen um den Präsidentenberg herumgeführt.

Der Heringsdorfer Bahnhof ist der einzige der Insel, der mit gußeisernen Trägern der Bahnsteigdächer ein wenig Kleinstadtflair besitzt. Kurz nach der Ausfahrt des Zuges sehen Sie linker Hand die Ostseetherme, danach fahren Sie durch einen Wald. Nach 6 Minuten Fahrt rollt der

Zug in den Bahnhof *Ahlbeck (S. 39)*, der um 1880 errichtet und zu Beginn des 20. Jhs. erweitert wurde. Hier endete 52 Jahre lang die Bahn, denn im Potsdamer Abkommen war Usedoms Hauptort Swinemünde Polen zugesprochen worden; dorthin bestand seit Ende des Zweiten Weltkrieges kein Zugverkehr mehr. Seit 1997 jedoch fährt die Bäderbahn vom Ahlbecker Bahnhof noch etwa 2 km weiter, direkt bis zur Grenzübergangsstelle. 50 m vor dem Grenzpfahl kommt der Triebwagen zum Stillstand. *Ahlbeck-Grenze* heißt dieser neue Haltepunkt.

② BERÜHMTEN KÜNSTLERN AUF DER SPUR

Schöne Landschaften ziehen seit jeher Künstler an, so ist es auch mit Usedom. Einige von ihnen wählten Deutschlands zweitgrößte Insel sogar zum ständigen Wohnsitz. Hier holten sie sich Anregungen für ihre Arbeit und schöpften Kraft für neue Vorhaben. Diese Route führt zu ihren Häusern und zu reizvollen Winkeln. Etwa 35 km sind mit dem Auto zurückzulegen, kleine Spaziergänge zu Fuß nicht einbezogen. Wer auch die Gedenkstätten besucht, sollte einen ganzen Tag einplanen.

An der Taille der Insel bei *Koserow (S. 51)* beginnt die Tour, hier richtete sich nach 1933 Otto Niemeyer-Holstein (1896–1984), der Altmeister der norddeutschen Landschaftsmalerei, sein skurriles Zuhause ein. In der sandigen Einöde zwischen Meer und Bodden wuchs um einen ausrangierten Berliner S-Bahn-Waggon das private Reich des Künstlers. Der Garten zeigt sich wildromantisch, die Bäume sind hochgewachsen, der Efeu rankt dicht, überall stehen und liegen Plastiken von Bildhauerfreunden. Unangemeldete Besucher mochte der gastfreundliche Niemeyer-Holstein nicht. An die knarrende Ateliertür schrieb er deshalb »TABU«, die Begründung des Meisters: »Ich sage immer, wäre ich Arzt und würde operieren, käme niemand auf die Idee, einfach die Tür aufzureißen. Und wenn ich unwirsch werde, heißt's, der Alte hat schlechte Laune. Stimmt nicht, der Alte will nur in Ruhe arbeiten.« Heute darf bei den Führungen jeder in das »Allerheiligste« schauen.

Weiter geht es in das hügelige Hinterland Usedoms, vorbei an knorrigen Kopfweiden am Straßenrand. Sandige Wege schlängeln sich in sumpfige Wiesen. Linker Hand der Straße thront die *Bockwindmühle von Pudagla (S. 67)*, die letzte an der Ostseeküste von Mecklenburg-Vorpommern am Originalstandort. Auf guter Straße ist *Neppermin (S. 65)* erreicht. Am Ufer des Nepperminer Sees hängen Reusen und Netze zum Trocknen, Fisch- und Seeadler ziehen ihre Kreise. Ein Idyll, heute wie damals, als der deutsch-amerikanische Maler Lyonel Feininger (1871–1956) sich ans Seeufer hockte und zeichnete. Einundvierzig Jahre später, 1951, schrieb er in den USA: »Pommern und die Ostsee waren für mein ganzes Schaffen mitbestimmend, und ich zehre noch jetzt an den Erlebnissen, die ich dort hatte. Hier gibt es nichts, was damit zu vergleichen wäre.« Auch das benachbarte *Benz (S. 63)* zog Feininger an. Neben der Kirche hatte es ihm die Windmühle besonders angetan, wie einige Jahrzehnte später Niemeyer-Holstein, der oft den Hang zur Mühle hochstieg. Dieser kaufte schließlich das alte, verfallene Bauwerk und ließ es wieder herrichten.

Zurück auf der Hauptstraße, geht's nach Neu Sallenthin. Der Kleine Krebssee, der Große Krebssee, rechts der Gothensee, landschaftliche Traumbilder. Begeistert davon war auch Rolf Werner (1916–1989), der hier gern malte. Von 1953 bis zu seinem Tod lebte der Künstler im nahen *Bansin (S. 43)*. Dort führt seine Witwe sachkundig durch das ehemalige Atelier in der Seestr. 60. Staffelei, Bilder und Malutensilien, alles ist so, als sei der Künstler nur für wenige Minuten weggegangen. Die kleinformatigen Bilder von Werner haben immer wieder Landschaften Usedoms zum Motiv, aber auch Zirkusse, Rummelplätze und Pferdemärkte. Die Nationalgalerie Berlin, die Kunsthalle Rostock und die Museen in Greifswald, Bernburg und Eisenhüttenstadt besitzen einige seiner Bilder.

Im heutigen Hotel Zur Post in der Bansiner Seestr. 5 ist der Schriftsteller Hans-Werner Richter (1908–1993) geboren. Er engagierte sich für ein demokratisches Deutschland und gründete mit anderen Autoren 1947 die »Gruppe 47«, eine Schriftstellervereinigung ohne ideologische Festlegung, die zum Kristallisationspunkt zeitgenössischer Literatur wurde und drei Jahrzehnte die (west-)deutsche Literatur prägte. Zu ihnen gehörten u. a. Ingeborg Bachmann, Günter Grass, Ilse Aichinger, Walter Jens und Uwe Johnson. In seinen 1970 in Westdeutschland erschienenen »Geschichten aus Bansin« beschreibt Richter das Seebad zu DDR-Zeiten: »Der Anstrich der Häuser ist farbloser geworden, der Bürgersteig brüchig, und der Asphalt der Straßen ist mit Schlaglöchern durchsetzt … Die zahlreichen Ruderboote am Strand sind verschwunden, und niemand darf mit Luftmatrazen ins Meer hinausschwimmen.« Beim Lesen dieses Buches wird augenscheinlich, wie sich Bansin seit dem Ende der DDR verändert hat. Auch das Hotel Zur Post ist nicht wiederzuerkennen – im positiven Sinne. An der Rezeption ist man gern bereit, Gäste in den neuen Hans-Werner-Richter-Saal zu führen, mit Informationen über den Schriftsteller und einer Stele.

Literaturfreunde fahren weiter, am Schloonsee vorbei nach *Heringsdorf (S. 45)* zur Maxim-Gorki-Str. 13, dem heutigen Museum Villa Irmgard. Hier wohnte 1922 mit mehreren Familienmitgliedern und einem Sekretär der russische Dichter Maxim Gorki (1868–1936). Die Ostsee sollte Gorkis Lungenleiden lindern. Gorkis Arbeitszimmer ist nahezu unverändert geblieben. Einzusehen ist auch das Gästebuch, in dem zu lesen ist – sofern man die kyrillischen Buchstaben beherrscht –, was der Russe zum Abschied schrieb: »… und dennoch und trotz alledem werden die Menschen mit der Zeit wie Brüder miteinander leben.« Der Tag klingt aus mit einem kleinen Spaziergang durch den Heringsdorfer Wald.

Große und kleine Entdeckungen

Mit dem Fahrrad durch entlegene Dörfer zu unberührten Seen und Buchten

Mit dem Auto läßt sich das verwunschene Hinterland Usedoms wahrlich nicht entdecken. Die meisten Seen, Hügel und Wälder sind bloß zu Fuß oder mit dem Fahrrad zu erreichen, dabei werden besondere Anforderungen an Kondition und Können nicht gestellt. Als Radfahrer können Sie nicht immer mit asphaltierten Wegen rechnen, denn manche Route führt durch eine noch intakte Natur, in der nur sandige oder mit holprigen Betonplatten versehene Wege liegen.

AUF DER HALBINSEL GNITZ

Der Gnitz, der das Achterwasser von der Krumminer Wiek im Westen trennt, gehört zu den schönsten Küstenlandschaften, seine Orte strahlen Ruhe und Beschaulichkeit aus. Der Wanderweg hat eine Länge von etwa 20 km, er ist mit waagerechten grünen Balken markiert.

(**112/B-D1-2**) An der B 111 in *Zinnowitz* radeln Sie auf der wenig befahrenen Straße in Richtung Lütow los, vorbei geht es am *Ziesberg*, einer 15 m hohen Erhebung. Links schauen Sie über Felder und Wiesen bis zum Achterwasser. Nach dem Friedhof am *Ziesberg* wird der Weg zur Kirschbaumallee, die Bäume begleiten Sie bis zu dem *Eichholz* genannten Wald, in dem Sie nach links auf den Plattenweg einbiegen (**110/A4**). Falls das Markierungschild fehlt, dient Ihnen das Kfz-Verbotsschild als Wegweiser. Im *Eichholz* fühlt sich Schwarzwild wohl, besonders im Frühjahr und Sommer sehen Sie Bachen, die mit ihren Frischlingen durch das Unterholz trotten. Verlassen Sie den Wald, sind die ersten so gar nicht in das herbe Landschaftsbild passenden Pumpstationen zu sehen, die seit Mitte der 60er Jahre Erdöl und Erdgas fördern.

Sie überqueren eine Straße, die rechts nach Neuendorf führt, und fahren weiter geradeaus nach *Netzelkow* (**113/D1**) mit seiner am Weg stehenden Backsteinkirche, auf deren Ostgiebel Hahn und Kreuz als Wetterfahne drehen. Zwei Glocken hängen in einem freistehenden Glockenstuhl, auf einem Mast neben der Kirche brüten seit Jahren Störche. Ein kleines Schild am Kircheneingang teilt mit, bei wem der Schlüssel für die Besichtigung geholt werden kann. Im Kircheninneren steht der sorgfältig restaurierte Sarkophag des 1747 verstorbenen Barons Lepel, eine Kopie von van Dycks berühmtem Gemälde »Die Beweinung Christi« ist zu sehen und ein Taufstein aus dem 14. Jh. Das aus Naturstein gehauene Weihwasserbecken neben dem Eingang stammt noch aus der Zeit vor der Reformation.

Ein Hinweisschild informiert: Bis zum nächsten Ziel Lütow sind es auf dem alten Kirchsteig 3 km. Am Wegesrand verbirgt sich rechts unter einer knorrigen Eiche das einzige *Großsteingrab* **(112/C2)** Usedoms. Staunend stehen die Menschen unserer Tage vor diesem Zeugen alter Kulturgeschichte und rätseln, wie ihre Vorfahren vor 4000 Jahren mit primitiven Mitteln die gewaltigen Findlingsblöcke bewegt und bearbeitet haben könnten. Lange Zeit war man davon überzeugt, daß nur Riesen (Hünen) das bewerkstelligt haben könnten, was zur volkstümlichen Bezeichnung Hünengräber führte.

Ist die Landstraße erreicht, kann man während eines kurzen Abstechers nach links auf das Achterwasser schauen. Der beschriebene Wanderweg führt jedoch am Lütower Ortseingang westlich weiter zum *Naturschutzgebiet Südspitze Gnitz.* Zunächst geht es am Peeneufer entlang, doch viel schönere Bilder haben Sie, wenn Sie den Hang hinaufgehen und dort das Auge über die Wiesen, das Achterwasser und den Peenestrom bis zur Kirchturmspitze von Lassan im Süden schweifen lassen **(112/B2)**: Steilküste, Wald, Feuchtwiesen und Wassertümpel, und beim Näherkommen entdeckt man

Hinter dem Hügel wartet die Steilküste

Säulenwacholder, Berberitze und immer wieder Brombeeren. Schwäne, Hasen und Frösche leben hier ungestört und scharenweise Möwen. Nicht von ungefähr bekam die Schwemmsandebene am Südzipfel des Gnitz den Namen Möwenort.

Von *Möwenort* führt der Wanderweg durch Wiesen und Wald zu den ersten Häusern von Neuendorf, dort biegt er nach links zur *Krumminer Wiek* ab (**110/A5**), führt unterhalb des *Buchberges* am linken Rand des Eichholzes entlang und kommt an seinem nördlichen Ende wieder auf die asphaltierte Landstraße, auf der Sie Ihre Tour begannen und zum Ausgangspunkt zurückradeln.

IM LIEPER WINKEL UNTERWEGS

Räumliche Abgeschiedenheit und ökonomische Rückständigkeit haben die Halbinsel ursprünglich wie unberührt erhalten. So gehört das flache Land zwischen Peenestrom und Achterwasser zu den stillsten Winkeln Usedoms. Die Radwanderung hat eine Länge von rund 26 km. Der erste Teil von der B 110 bis Rankwitz ist nicht markiert, aber gut ausgeschildert, von Rankwitz bis zum Achterwasser weisen waagerechte gelbe Balken den Weg, von dort führt ein mit waagerechten grünen Balken markierter Weg zurück.

(**113/D–F3–5**) Nehmen Sie von Usedom aus die B 110 und biegen nach 3,5 km nach links ab in Richtung Lieper Winkel (**117/F3**). Auf einer guten Asphaltstraße radeln Sie durch einen Mischwald, den *Usedomer Stadtforst,* nach *Suckow* und nehmen dort an der großen Straßengabelung den linken Abzweig. Hinter dem Dorf führt die Straße am Naturdenkmal *Sockeleiche* vorbei (**117/F2**). Den weiteren Weg bis zum Dorf *Krienke* säumen links und rechts Kastanien. In *Rankwitz* lädt am kleinen Hafen am Ortseingang ein Fischimbiß zur Rast, oder Sie radeln noch weiter bis zur *Gaststätte Rankwitzer Hof, Okt.–März Di geschl., Dorfstr. 15, Tel. 038372/705 63, Kategorie 3.*

Von Rankwitz (**113/E6**) führt eine Kastanienallee nach Liepe, dessen turmlose Kirche hinter hohen Bäumen kaum zu sehen ist. An ihrer Ostwand sind noch spätmittelalterliche Wandmalereien zu entdecken, die Kreuzigung und Auferstehung Jesu Christi zeigen. Der Beichtstuhl trägt die Jahreszahl 1735, am Gestühl ist die Jahreszahl 1772 zu lesen.

Weiter geht es auf einem Plattenweg durch Wiesen und Felder nach *Reestow* und von dort in nördlicher Richtung zum *Warther Haken* mit einer kleinen Badestelle. Der am Achterwasser entlangführende Weg ist holprig, zwingt also zum geruhsamen Fahren. Nur selten gelingen Ihnen Blicke durch das hohe Strauchwerk und den Rohrgürtel auf das Wasser. Das unscheinbare *Warthe* (**113/D3**) empfängt mit kleinen rohrgedeckten Häusern, einem Minihafen mit zwei, drei kleinen Booten und einem Storchennest. In der *Ferienanlage Am Achterwasser, Dorfstr. 12,* gibt es ein von Mai bis Mitte Okt. geöffnetes *Café, Tel. 038372/75 20.* Am *Kusenberg* vorbei, einer Anhöhe von nicht einmal 7 m mit einer Handvoll Häusern, erreichen Sie *Quilitz,* dessen Ortsbild eine große private Finnhüttensied-

Kinderleicht und ideal: Marco Polo Radtouren auf Usedom

lung aus DDR-Zeit prägt. Wem es seinerzeit gelungen war, die staatliche Genehmigung für eine solche Finnhütte zu bekommen, der machte Jubelsprünge. In Quilitz (**113/D5**) gibt es eine Badestelle, lohnenswert ist der Blick von der Steilküste über den Peenestrom zum Festland.

In Quilitz – so erzählen Einheimische – sind oftmals Schatzgräber mit Spaten angerückt, hatte doch 1914 ein Bauer nordwestlich des Dorfes im Sand einen Silberschatz gefunden, dessen Gesamtgewicht fast 6 kg betrug. Die Münzen, Schmuckgegenstände und Perlen kamen in das Swinemünder Museum und im Zweiten Weltkrieg abhanden. Und nun hoffen seit Jahrzehnten immer wieder Glückssucher, der Sand möge doch einen weiteren solchen Schatz versteckt halten.

Radeln Sie weiter nach *Rankwitz,* wo Sie denselben Weg über Sukow zurück zur B 110 nehmen können. Oder Sie gönnen sich noch eine kleine Abwechslung und biegen kurz hinter dem Hafen rechts ab und fahren auf dem Weg parallel zum Peenestrom zur Stadt Usedom zurück. Dabei passieren Sie den *Weißen Berg* (27,7 m) und den *Bömkenberg,* zwei in der Landschaft kaum auszumachende Hügel im schon bekannten Usedomer Stadtforst.

DURCH DAS THURBRUCH

Das moorige Niederungsgebiet des Thurbruchs im Süden des Gothensees ist flach wie eine Flunder, nur an seinen Rändern gibt es sanft ansteigende Hügel. Die Radwanderung hat eine Länge von etwa 20 km. Der erste Teil des Weges von Bansin in Richtung Ulrichshorst ist mit waagerechten grünen Balken markiert, danach sorgen zahlreiche andere Hinweisschilder für Orientierung.

(**119/D-F2-3**) Am Bahnhof *Bansin* starten Sie nach *Neu Sallenthin* mit dem *Sieben-Seen-Berg* (**115/E5**), der erste nicht nur geographische, sondern auch sinnliche Höhepunkt dieser Wanderung – tatsächlich schauen Sie von hier auf sieben Gewässer: den Schloonsee, Gothensee, Kachliner See, den Kleinen und Großen Krebssee, den Schmollensee und den Nepperminer See. Hinter Sallenthin fahren Sie an der Weggabelung nach links Richtung Reetzow, an dessen Ortsausgang (**119/D1**) erneut nach links, und schon haben Sie das *Thurbruch* erreicht. Wildgänse fliegen über die Wiesen, mitunter auch Schwäne und Graureiher, die ihr Zuhause am nahen Gothensee haben. Manchmal kann man im Naturschutzgebiet sogar einen Seeadler beobachten, auch der vom Aussterben bedrohte Fischotter lebt hier noch.

Jahrhunderte bemühten sich die Inselbewohner, das Thurbruch trockenzulegen, um Grünland zu gewinnen. Dutzende von Gräben wurden gezogen, die das überschüssige Wasser in die Ostsee und das Kleine Haff ableiten sollten. Nach 1920 versuchte man, mit Windkraftschöpfwerken den Grundwasserstand zu senken, bei Kachlin und Labömitz waren zwei solcher Anlagen rund um die Uhr tätig. Doch ihre Leistung war gering, dazu kam ein fehlendes Regulierungssystem, so daß sich das Wasser nur in einem immerwährenden Kreislauf bewegte. Vollendet wurde die Melioration des Niederungsgebietes erst in den letzten 60er Jahren, und zwar durch ein ausgeklügeltes Grabensystem von etwa 100 km Länge.

Die schnurgerade und wenig befahrene Straße führt am Nordrand des Thurbruchs entlang nach Ulrichshorst (**119/F2**), dem von Preußenkönig Friedrich II. angelegten Straßendorf. Etwa 1 km vor dem Ortseingangsschild, nach der guten Hälfte des Weges Reetzow–Ulrichshorst, biegen Sie nach rechts ins Herz des Thurbruchs ab und gelangen auf dem fast schnurgeraden Plattenweg zum rekonstruierten *Windkraftschöpfwerk.* Eine der stillgelegten Anlagen blieb teilweise erhalten und wurde 1994/95 rekonstruiert. Von dem heutigen technischen Denkmal sind es knapp 100 m nach rechts bis zum *Kachliner See,* einem der stillsten Gewässer Usedoms. Für Naturfreunde ein lohnenswerter kurzer Abstecher, auf Bänken können Sie ausruhen und die Landschaft genießen.

Radeln Sie weiter nach *Kachlin* (**119/D3**), biegen dort rechts ab und nach wenigen Metern – orientie-

Flachlandidyll am Peenestrom bei Rankwitz

ren Sie sich an einer wuchtigen Feldsteinscheune – nach links auf einem Feldweg leicht bergan zur B 110. Ohne diese zu befahren, können Sie gleich nach rechts auf die Landstraße nach *Katschow* einbiegen. Hinter dem Ort geht es durch eine hügelige Feld- und Wiesenlandschaft weiter nach *Labömitz.* In den Dörfern werden Sie auf altem Katzenkopfpflaster durchgerüttelt, in Reetzow erreichen Sie dann jenen Teil der Strecke, den Sie bereits bei der Hinfahrt kennengelernt haben. Zum Abschluß der Wanderung sollten Sie in Sallenthin erneut den prachtvollen Blick auf den Gothensee genießen, diesmal vom *Café Am Gothensee* aus, das *ab 14 Uhr* geöffnet hat.

UM DAS ZERNINMOOR ZUM GOLM

Der Golm nördlich von Kamminke ist frühgeschichtliches Denkmal, aber auch Gedenkstätte für die Opfer des Zweiten Weltkrieges. Der etwa 11 km lange, nicht markierte Wanderweg führt durch ein nahezu unberührtes Stück Usedomer Hinterland.

(**120/C-D4-5**) *Korswandt,* der kleine Ort am Wolgastsee, ist mit dem Linienbus zu erreichen; wer mit dem Auto kommt, findet beim Hotel *Idyll am Wolgastsee* einen Parkplatz (**120/B3**). Wenn Sie am Südufer des Wolgastsees entlangwandern, erreichen Sie das Naturschutzgebiet *Schwarzes Herz.* Die Hügel und Senken durften zu DDR-Zeiten nicht betreten werden, denn als Grenzgebiet waren sie für Einheimische und Touristen tabu. Der Natur kam dies zugute, sie konnte sich ungehindert entfalten und Naturfreunden zahlreiche seltene Pflanzen präsentieren. Besonders die Farne wachsen hier zu erstaunlichen Höhen heran. Weiter geht es zum Zerninmoor, in vielen Karten noch als See vermerkt. Das einst große Gewässer ist fast völlig verlandet, aber dennoch sollten Sie vorsichtig sein, denn auch ehemalige Sümpfe können heimtückisch sein. Wenn Sie parallel zur Grenze weiterwandern, erreichen Sie die B 110 (**121/D5**), die sich hier jedoch nur als einsamer, gepflasterter Weg durch den Wald zieht. Seit 1945 endet die Straße einige hundert Meter weiter am undurchlässigen Grenzzaun.

Bald darauf ist der Golm erreicht, von dem sich besonders im Spätherbst und im Winter, wenn die Bäume ihre Blätter abgeworfen haben, weiter über den Torfkanal hinaus, der hier die Grenze bildet, nach Swinemünde schauen läßt. Der Name Golm leitet sich vom slawischen Gollen ab, was Hügel bedeutet. Mit seinen lediglich 59 m kann er auch wirklich nur als Hügel, eher Hügelchen bezeichnet werden. Bereits in der Bronze- und frühen Eiszeit haber hier Menschen gesiedelt, die Reste eines Burgwalls sind die spärlichen Beweise (**121/D5**). Mahnung und Erinnerung an den Zweiten Weltkrieg sind die Massengräber, in denen Tausende von Opfern beigesetzt wurden. Seit 1972 steht hier ein schlichtes Ehrenmal.

Von hier aus wandern Sie zur B 110 zurück, der Sie in westlicher Richtung folgen. Nach etwa 1 km biegen Sie rechts auf einen Waldweg ab, der am Westrand des Zerninmoors entlangführt und in Korswandt endet.

Von Auskunft bis Zeitungen

Die wichtigsten Adressen und Informationen für Ihre Reise nach Usedom

AUSKUNFT

Allgemeine Informationen über die Insel und auch das zentrale Übernachtungsverzeichnis (Preis 2 Mark) erhalten Sie vom

Tourismusverband Insel Usedom e. V.
Bäderstr. 4, 17459 Ückeritz, Tel. 038375/234 10, Fax 234 29

Konkrete Informationen zu den einzelnen Orten erteilen die Kurverwaltungen bzw. Fremdenverkehrsämter, die auch Prospekte versenden. Rückporto sollten Sie Ihrem Schreiben beifügen.

Wer sich vor Reisen in den polnischen Teil Usedoms informieren möchte, kann sich Prospekte zuschicken lassen vom

Polnischen Informationszentrum für Touristik
Marburger Str. 1, 10789 Berlin, Tel. 030/210 09 20, Fax 21 00 92 14

ANGELN

Gefangen werden in der Ostsee, im Achterwasser und den vielen Seen vorwiegend Barsche, Plötzen, Brassen, Aale, Hechte und Zander. Freier Fischfang ist nicht gestattet. Benötigt wird ein auf den eigenen Namen lautender Fischereischein, zusätzlich braucht man einen Angelberechtigungsschein, der für einen bestimmten Zeitraum gilt. Für die staatlichen Gewässer, also Ostsee, Achterwasser, Peenestrom und Oderhaff, wird er ausgestellt von der *Außenstelle des Landesamtes für Fischerei, Dorfstr. 1, 17406 Rankwitz, Tel. 038372/705 25.* Über weitere Ausgabestellen informieren die Kurverwaltungen. Angelscheine können auch schriftlich bestellt werden beim *Landesamt für Fischerei, Justus-von-Liebig-Weg 2, 18059 Rostock, Tel. 0381/40 51 80.*

BADEVERBOT

Große Strandbereiche werden von der Deutschen Lebensrettungsgesellschaft (DLRG) bewacht. Aus Sicherheitsgründen sollte nur dort gebadet werden. Wird an den Rettungsstationen *ein* roter Warnball aufgezogen, besteht Badeverbot für Kinder und Nichtschwimmer, *zwei* aufgezogene Warnbälle verkünden ein absolutes Badeverbot.

BADEWASSERQUALITÄT

An der gesamten Küste Usedoms werden von Anfang Mai bis Mitte September 14tägig Wasserproben entnommen und entsprechend den EU-Richtlinien mikrobiologisch und physikalisch-chemisch untersucht. Die Badewasserqualität an den Stränden der Ostseeküste Usedoms ist durchweg sehr gut bis gut. An den Badestellen der Boddengewässer (Kleines Haff, Peenestrom, Achterwasser und Krumminer Wiek) beträgt die Sichttiefe oft weniger als einen Meter; diese starke Trübung bedeutet nicht Schmutz, sondern entsteht durch schwebende Kleinalgen, die sich in den flachen und sich dadurch schnell erwärmenden Gewässern reichlich vermehren.

BRÜCKENSPERRUNGEN

Um auch größeren Schiffen die Durchfahrt zu ermöglichen, werden die Peenebrücke in Wolgast (B 111) und die Peenestrombrücke in Zecherin (B 110) hochgeklappt: *5.35–5.50 Uhr, 8.35 bis 8.50 Uhr, 12.25–12.50 Uhr, 16.35 bis 16.50 Uhr, 20.35–20.50 Uhr.*

BUSVERKEHR

Die Orte im Hinterland sind fast alle mit dem Autobus zu erreichen. Eine der Linien führt von Wolgast u.a. über Bannemin, Zempin, Kölpinsee, Ückeritz, Ahlbeck, Korswandt zur Stadt Usedom. *Auskunft: Usedomer Verkehrsgesellschaft in Wolgast, Tel. 03836/20 37 89*

CAMPING

Der ADAC empfiehlt die unter den Ortsbeschreibungen Koserow, Zempin, Zinnowitz und Ückeritz genannten vier Plätze. Weitere Campingplätze bestehen in Freest (ganzjährig), Karlshagen *(April–Sept.)*, Korswandt *(März–Okt.)*, Lassan *(Ostern–Mitte Okt.)*, Loddin-Stubbenfelde *(April bis Mitte Okt.)*, Lütow *(Mai bis Sept.)* und Trassenheide *(April bis*

Wal auf Besichtigungstournee

Im Oktober 1894 lag ein fünf Meter langer Wal auf dem großen Markt in Swinemünde. Ahlbecker Fischer hatten ihn auf einem Riff fünfzig Meter vor dem Strand entdeckt, wo das Tier – so schrieb die Lokalzeitung – »bei Annäherung der Fahrzeuge mit Schwanz und Flosse derart um sich schlug, daß große Wassermassen viele Meter hoch in die Luft geschleudert wurden ...
Es gelang den Fischern, das Tier zu vertäuen, worauf es von den Booten in die Nähe der alten Damenbadeanstalt geschleppt und an Land gezogen wurde. Hierbei mußten 30 Männer angestrengt tätig sein ...«. Die Fischer verlangten 30 Pfennig pro Person, wollte man den verendeten Wal besichtigen. Einige Tage später verkauften sie ihn für 640 Mark. Die neuen Besitzer ließen das Tier in Berlin präparieren und zogen mit ihm noch jahrelang durch Städte und Dörfer.

Okt.). Der Tourismusverband versendet auf Wunsch ein Campingplatzverzeichnis.

DIPLOMATISCHE VERTRETUNGEN

Österreichische Botschaft
Johanniterstr. 2, 53133 Bonn, Tel. 0228/53 00 60, Fax 54 90 40

Konsularisches Dienstleistungszentrum der Schweiz
Peter-Hensen-Str. 1, 53175 Bonn, Tel. 0228/816 62 70, Fax 816 62 71

EISENBAHN

Im Stundentakt verkehrt die Usedomer Bäderbahn auf der Strecke Wolgaster Fähre–Ahlbeck-Grenze im Sommerhalbjahr sogar im 30-Minuten-Takt. Wer in den Nordwesten der Insel möchte (Peenemünde, Karlshagen, Trassenheide), steigt in Zinnowitz um. Der Fahrplan steht unter der Nr. 194 im Kursbuch der Deutschen Bahn AG. *Auskunft: Usedomer Bäderbahn, Tel. 038378/271 32*

FKK

Offizielle FKK-Badestrände sind speziell ausgewiesen, außerhalb der Ortsbereiche nimmt das aber keiner genau – dort kann man sich problemlos ohne Hüllen zeigen. Oder auch nur »oben ohne«, ganz so, wie es jeder möchte.

Eine Klappbrücke verbindet die Greifswalder Stadtteile Eldena und Wieck

GELDAUTOMATEN

In Ahlbeck, Bansin, Heringsdorf, Karlshagen, Koserow, Usedom, Zinnowitz und Wolgast haben die Sparkassen-Geschäftsstellen Geldautomaten installiert.

GRENZÜBERGANGSSTELLE

Nur Fußgänger und Radfahrer dürfen den Übergang Ahlbeck/Świnoujście an der B 111 passieren, geöffnet ist er rund um die Uhr. Der ansonsten nötige Reisepaß für Polen wird an diesem Grenzübergang nicht verlangt, es genügt der Personalausweis. Für Kinder ist ein Kinderausweis oder der Eintrag im Elternpaß notwendig. Fragen zum Grenzübertritt: *Bundesgrenzschutz, Tel. 038378/316 21; Zollamt, Tel. 038378/225 90.* Ein Übergang für Autos an der B 110 ist seit langem geplant, er stößt aber auf erbitterten Widerstand der Einheimischen, aber auch vieler Inselgäste, die den dadurch verstärkten Autoverkehr verhindern möchten. Wer also das polnische Swinemünde oder Wolin mit dem Auto besuchen möchte, muß den großen Umweg über Stettin nehmen.

HUNDE

Vierbeiner dürfen nur dort mit an den Strand, wo es ein Schild gestattet. Hunde – vor allem größere – sind nicht in jedem Quartier erwünscht, deshalb bei der Reservierung erkundigen!

JUGENDHERBERGEN

Neben der unter Heringsdorf genannten gibt es noch eine Jugendherberge in *17390 Murchin* (6 km von Anklam entfernt), *Tel./Fax 03971/21 07 32.* Voraussetzung für das preiswerte Übernachten ist der Besitz eines gültigen Ausweises des Deutschen Jugendherbergswerkes (DJH) für Junioren (bis 26 Jahre) oder Senioren (ab 27 Jahre).

KIRCHEN

In den Sommermonaten sind fast alle Kirchen geöffnet, oft finden in ihnen Konzerte, Vorträge und Lesungen statt (Termine in den jeweiligen Veranstaltungskalendern). Der Turm der Petrikirche in Wolgast kann bestiegen werden, einen Aufzug zum Aussichtsgeschoß gibt es nicht.

KUREN

Allein schon das Küstenklima führt oft zu einer Linderung der Leiden. Vor allem Erkrankungen des Haltungs- und Bewegungsapparates, der Atemwege, Allergien und funktionelle Kreislaufstörungen werden behandelt. *Reha-Kliniken* gibt es in *Heringsdorf, Ückeritz, Trassenheide* und *Kölpinsee,* ein Verzeichnis sendet der Tourismusverband.

KURTAXE

In allen Badeorten wird Kurtaxe erhoben, Kinder und andere Ermäßigungsberechtigte zahlen die Hälfte. Die Kurtaxe wird meist in den Hotels und Pensionen kassiert. Die Kurkarte berechtigt häufig zum ermäßigten Eintritt bei Veranstaltungen, so ist es sinnvoll, sie immer bei sich zu haben. Tagesbesucher, die den Strand in der Ortslage nutzen, haben an Automaten oder bei Strandkorbvermietern eine Tages-Kurkarte in der Kurverwaltung zu lösen.

NOTRUFE

Polizei: *Tel. 110*
Feuerwehr: *Tel. 112*

ÖFFNUNGSZEITEN

Wer bei Restaurants sichergehen möchte, ob geöffnet ist, sollte sich vorher telefonisch erkundigen. Sind keine Gäste mehr da, wird oft früher als angegeben geschlossen. In der kalten Jahreszeit bleiben die Eingangstüren manchmal auch tage- oder wochenlang zu. Beachten sollten Sie: Essen- und Öffnungszeiten sind häufig nicht identisch, die Küche schließt oft früher. Auch manche Hotels schließen im Winterhalbjahr. Bei Museen muß der letzte Besucher 30 Min. vor Schluß kommen. Bei den Geschäften gilt die sogenannte *Bäderregelung:* Werktags darf bis 21 Uhr, sonn- und feiertags von 11–18.30 Uhr geöffnet werden. Oft gibt es eine Mittagspause von 1 bis 2 Std.

PANNENHILFE

ADAC
Rund um die Uhr, *Tel. 01802/ 22 22 22*

PARKEN

Geparkt werden sollte auf den Plätzen am Rande der Badeorte, die meist gebührenfrei sind, so in Kölpinsee (direkt an der B 111) und in Ückeritz. Auf den Parkplätzen in Strandnähe müssen die Parkautomaten bedient werden, wer es unterläßt, wird im nachhinein zur Kasse gebeten. In den Ortskernen bestehen kaum Parkmöglichkeiten, in Heringsdorf gibt es ein großes Parkhaus direkt an der B 111. In Polen empfiehlt es sich, den Pkw auf rund um die Uhr bewachten Plätzen abzustellen und die Parkgebühren nicht zu scheuen.

PRIVATZIMMER

In allen Badeorten, aber auch im Hinterland, werden Privatquartiere angeboten. Die Ausstattung läßt manchmal noch Wünsche offen, dafür sind sie aber preiswerter als Hotels und Pensionen. In den Ferienmonaten ist die Nachfrage oft größer als das bestehende Zimmerangebot, rechtzeitiges Reservieren empfiehlt sich. Ferienwohnungen und -häuser gibt es (noch) nicht genügend. Eine einheitliche Zimmervermietung besteht auf Usedom nicht. Die Kurverwaltungen vermitteln nur selten Quartiere, aber sie helfen mit Adressen und Broschüren weiter, so daß Sie sich selbst an Vermieter oder Hotels wenden können.

RADFAHREN

Die Radwege auf Usedom und rund um Wolgast sind rund 150 km lang. Bahnreisende können von Wolgast aus starten: Ein Radwanderweg führt nach Mölschow, von dort geht es auf der wenig befahrenen, aber guten Landstraße nach Trassenheide, wo man auch auf den Küstenradwanderweg von Karlshagen nach Ahlbeck trifft. Weitere Radwanderwege verbinden Karlshagen mit Peenemünde und Ahlbeck mit Kamminke. Fahrräder können in fast allen Orten gemietet werden. Eine Karte mit Radwanderwegen ist beim Tourismusverband zu erhalten.

Komfort-Radwandertouren durch Usedom mit Gepäckservice bietet von April bis Mitte Okt. mit tgl. Reisebeginn: *Die Mecklenburger Radtour, Rudenstr. 2, 18439 Stralsund, Tel. 03831/ 28 02 20, Fax 28 02 19.* Die Übernahme der Wanderräder und der Start erfolgen in Stralsund.

REISEZEIT

Usedom ist längst nicht mehr nur ein sommerliches Urlaubsziel, wer die reizvolle Landschaft genießen möchte, wählt gern das Frühjahr oder den Herbst. Zwischen Ende Oktober und dem Beginn der Osterferien sind einige Hotels, Pensionen und Restaurants geschlossen. Manche von ihnen öffnen jedoch über Weihnachten und Neujahr.

RUNDFLÜGE

Gestartet wird von den Flugplätzen Heringsdorf und Peenemünde tgl. von 9.30 Uhr bis Sonnenuntergang. Angeboten werden vier Standardrouten von 15 Min. bis 90 Min. Dauer oder Routen nach persönlicher Wahl. *Auskunft: Flughafen Heringsdorf, Tel. 038376/202 31, Fax 204 36*

SCHIFFSAUSFLÜGE

Von Karlshagen, Kamminke, Greifswald-Wieck sowie den Seebrücken Ahlbeck, Bansin, Heringsdorf, Zinnowitz und Lubmin finden Schiffsausflüge statt. Sie führen zu den Inseln Ruden und Greifswalder Oie, dem polnischen Swinemünde sowie nach Göhren, Binz und Lauterbach auf Rügen.

SPORTBOOTE

Auch auf den Wasserstraßen sind Vorschriften einzuhalten. Verstöße dagegen führen zu Unfällen, beeinträchtigen die Natur und belästigen Anwohner und Urlauber. Wer als Freizeitkapitän keinen Ärger mit der Wasserschutzpolizei haben möchte, sollte u. a. beachten: Peenestrom, Achterwasser und Oderhaff darf nur befahren, wer den für die Ostsee erforderlichen *Sportbootführerschein für Küstenfahrt* besitzt. Die Geschwindigkeit ist auf 10 Knoten (1 Knoten = 1,852 km/h) begrenzt. Die 0,8-Promille-Grenze gilt auch auf dem Wasser. Die gekennzeichneten Badestellen dürfen per Boot nicht durchquert werden, vom Schilfgürtel ist Abstand zu halten, an den unter Naturschutz stehenden Inseln ist das Anlegen verboten. Vorsicht vor den Netzen und Reusen! Der zu Polen gehörende Teil des Oderhaffs darf von Sportbooten nur in der Zeit zwischen Sonnenauf- und -untergang befahren werden, den Grenzverlauf markieren Tonnen. *Auskunft: Wasserschutzpolizeiinspektion Wolgast, Tel. 03836/20 25 98*

STRANDKÖRBE

Von Mai bis in den Oktober hinein stehen sie am Strand zum Mieten. Viele Hotels und Pensionen besitzen eigene Strandkörbe. Wer keinen mietet, sollte einen Windschutz aufstellen.

TANKSTELLEN

Es gibt genügend: In Ahlbeck, Bansin, Heringsdorf, Koserow, Wolgast-Mahlzow, Zinnowitz und an der B 110 bei der Stadt Usedom kann getankt werden.

WANDERN

Das ausgeschilderte Wanderwegenetz hat eine Länge von rund 400 km. In vielen Orten stehen Tafeln mit Informationen zur Ortsgeschichte, den Sehenswürdigkeiten und Wanderrouten. Der Küstenwanderweg führt von Ahlbeck bis Karlshagen und weiter am Peenestrom entlang bis Wolgast, er ist mit blauen Balken gekennzeichnet. Der durch das Hinterland führende Gebietswanderweg beginnt in Ahlbeck und führt über Usedom, Lassan nach Wolgast, markiert ist er mit roten Balken.

ZEITUNGEN

Die regionalen Zeitungen sind die Ostsee-Zeitung mit der Usedom-Peene-Zeitung sowie der Usedom-Kurier mit der Insel-Zeitung, beide erscheinen Mo–Sa.

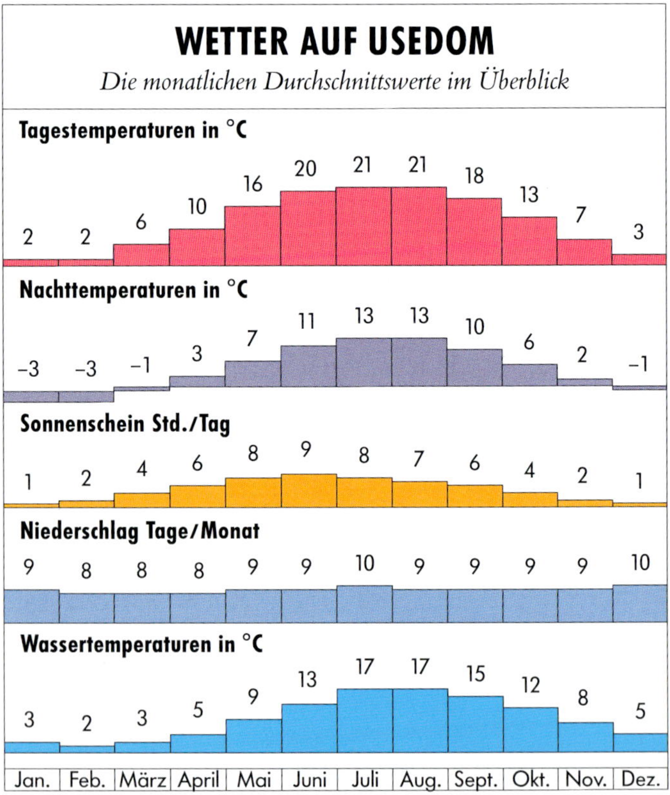

Bloß nicht!

Worauf Sie achten sollten,
damit Ihre Urlaubsfreude nicht getrübt wird

Angeln

Wer ohne Erlaubnisschein angelt, begeht Fischwilderei. Die wird nach § 293 des Strafgesetzbuches geahndet. Unbedingt beachtet werden sollten auch die Schongebiete, die verbotenen Fangmethoden und die Mindestmaße der Fische. Zu den Fanggeräten der Berufsfischer sind mindestens 100 m Abstand zu halten. Die Fischmeister haben als Hilfsbeamte der Staatsanwaltschaft polizeiliche Befugnisse, sie ahnden als Bußgeldbehörde die Vergehen. Ihnen sind die Dokumente, die Fanggeräte und die gefangenen Fische vorzuzeigen. Wer ohne Fischereischein angetroffen wird, muß mit einer Geldbuße von 200 Mark rechnen. Feht die Anglererlaubnis, ist das eine Straftat.

Baden

Bei bewachten Stränden ist der Badebereich durch Bojen abgesteckt. Mut und Sportlichkeit sollten nicht durch Mißachtung dieser Begrenzungen demonstriert werden. Nicht wenige müssen jährlich ihren Leichtsinn mit dem Leben bezahlen. Achten Sie auch auf plötzlich aufkommende ablandige Winde, die Luftmatratzen und kleine Boote schnell auf See treiben. Ohne fremde Hilfe kommen diese selten wieder an Land. Unbedingt ernst genommen werden sollten auch Hinweise auf gefährliche Strudel. Ärger gibt es für jene, die unbegründet um Hilfe rufen.

Bernstein

Hin und wieder werden gelbe Kieselsteine oder abgeschliffene braune Glasscherben als Bernstein verkauft. Ob Sie einem Betrüger aufgesessen sind, kann durch zwei einfache Proben festgestellt werden: Bernstein lädt sich beim Reiben an einem Kleidungsstück im Gegensatz zu Kieselstein oder Glas elektrostatisch auf, so daß kleine Papierschnitzel haften bleiben. Die andere Probe: In einem Glas Wasser mit zwei Eßlöffel aufgelöstem Kochsalz schwimmt Bernstein wegen seiner geringen Dichte im Wasser, Kieselsteine und Glas dagegen fallen zu Boden.

Diebstahl

Längst sind die Zeiten vorbei, als die Usedomer ihre Haustüren unverschlossen ließen. Auch auf der Insel muß man darauf achten, den Bungalow zu schließen, keine Fenster offen zu lassen und nichts im Auto sichtbar liegenzulassen. Am Strand sollten Sie Ihre Sachen im Auge behalten oder einen Nachbarn bitten, aufzupassen – keine Versicherung ersetzt

Diebstahl aus Strandkörben oder Sandburgen.

Dünenschutz

Die durch Strandhafer gefestigten Dünen dienen als Bollwerk gegen Sturmhochwasser, sie dürfen nur auf Wegen überquert werden. Wer Burgen in den Dünen baut, muß mit einer Geldstrafe rechnen, denn der Schutzabstand zum Dünenfuß muß mindestens zwei Meter betragen.

FKK

Auf Usedom stößt sich keiner daran, wenn andere sich nicht völlig entkleidet am FKK-Strand tummeln oder am Wasser entlang wandern und diese Bereiche passieren. Eins wird aber generell nicht geduldet: Schaulustige, die mit der Kamera auf Motivjagd sind.

Leichtsinn

Oderhaff und Achterwasser werden vielfach unterschätzt! Ohne Kenntnis der Wettervorhersage sollten Sie nicht segeln oder paddeln. Schnell kommt eine Brise auf, und die entstehenden kurzen Wellen haben schon manchen in Lebensgefahr gebracht.

Naturschutz

Zahlreiche Pflanzen, darunter Meerkohl und Stranddistel, stehen an der Ostseeküste unter Naturschutz. Es ist verboten, sie auszugraben oder auszureißen. In den mit einer Eule gekennzeichneten Naturschutzgebieten dürfen die Wege nicht verlassen werden.

Reservierung

Mancher mußte im Juli und August die Nacht schon im Auto verbringen, weil er kein freies Bett mehr fand. In den Ferienmonaten sollten Sie nicht ohne vorherige Zimmerreservierung anreisen. Dabei ist aber Voll- oder Halbpension nicht zu empfehlen, denn die Restaurants bieten vielseitige Speisekarten.

Sonnenbrand

Der oft kühle Wind am Strand mindert das Empfinden für Wärme und Hitze und für die UV-Strahlung. Mit dem Ergebnis, daß der Sonnenbrand die ersten Urlaubstage zur Qual werden läßt. Vergessen Sie deshalb niemals das Sonnenschutzmittel, und steigern Sie die Dauer der Sonnenbäder schrittweise. Wer im Juni und Juli zwischen 10 und 14 Uhr an den Strand geht, sollte das erste Mal nicht länger als 35 Minuten sonnenbaden, beim zweiten Mal kann es schon um ein Drittel länger sein.

Steilufer

Gefährlich sind Wanderungen am Streckelsberg, am Langen Berg, an der Südspitze der Halbinsel Gnitz und bei Kamminke. Sturm und Regen nagen unaufhörlich am Kliff, oft kommt es zu Abstürzen von Uferpartien und Steinschlag. Deshalb ist es lebensgefährlich, sich zu nahe an den Rand des Steilufers zu wagen oder Kletter- und Rutschpartien zu unternehmen.

Wassermangel

Den Ruden nicht anlaufen, um Wasserkanister oder Proviantbeutel auffüllen zu wollen. Mit Trinkwasser kann die Insel nicht dienen, auch bestehen keinerlei Ver- und Entsorgungsmöglichkeiten. Wer mit einem Ausflugsschiff kommt, sollte vorher an Bord Hunger und Durst stillen.

Reiseatlas Usedom

Die Seiteneinteilung für den Reiseatlas finden Sie auf dem hinteren Umschlag dieses Reiseführers

A
B
C
1
2
3
4
5
6
1 km
Insel Ruden
Greifswalder Oie
Peen
NSG
Peenemünder Haken
Struck und Ruden
Haken
Struck
Knaakrücken
Mövenort
Kaase-
wiese
Flugplatz
Peenemünde
Pandowerhagener
Wiek
NATURPARK
Kölpien-
see
Gustav-Adolf-
Gedenkstein
Historisch - technisches
Informationszentrum
Peenemünde
Freest
Alte
Kiefern
USEDOM
Kröslin
Krösliner
See
Grosser
Wotig
Niedervoddow
108
106

D
E
F
1
2
3
4
5
6
er
OSTSEE
ße
trand-
wiese
Kien-
heide
Naturschutz-
zentrum
HP
Karlshagen Dorf
FKK-
Strand
Karlshagen
107
109

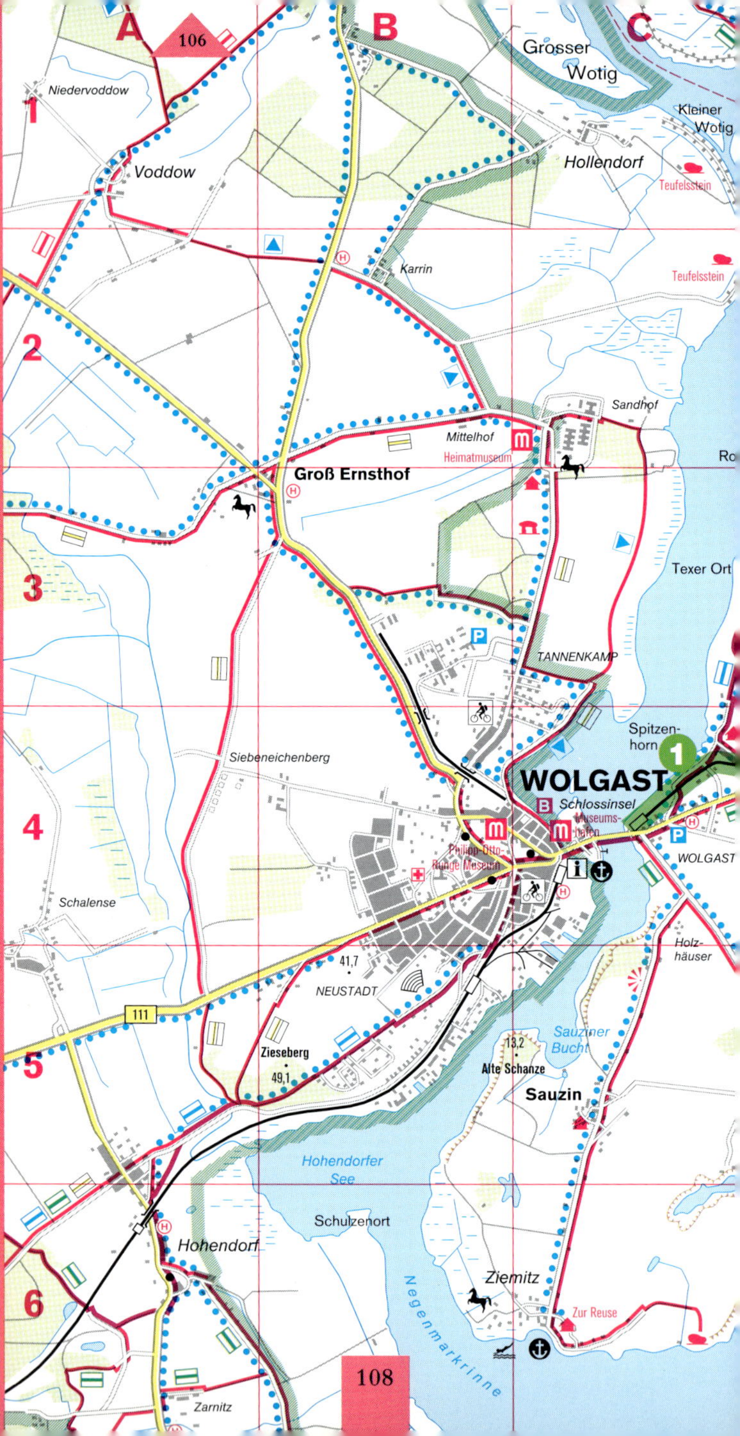
A
B
C
106
1
2
3
4
5
6
Niedervoddow
Voddow
Grosser Wotig
Kleiner Wotig
Hollendorf
Teufelsstein
Karrin
Teufelsstein
Ro
Sandhof
Mittelhof
Heimatmuseum
Groß Ernsthof
Texer Ort
TANNENKAMP
Spitzenhorn
Siebeneichenberg
WOLGAST
Schlossinsel
Museumshafen
Philipp-Otto-Runge-Museum
WOLGAST
Schalense
Holzhäuser
41,7
NEUSTADT
111
Zieseberg
49,1
Sauziner Bucht
13,2
Alte Schanze
Sauzin
Hohendorfer See
Schulzenort
Hohendorf
Ziemitz
Zur Reuse
Negenmarkrinne
Zarnitz

D
E
F
107
1 km
1
Karlshagen
Ehren-mal
FKK-Strand
plan
Großer See
Trassenheide
HP Trassenmoor
Waldhof
2
Mölschow
Zecherin
HP Trassenheide
1
3
Hp Bannemin Mölschow
111
Ausbau Bannemin
Bannemin
Lindenallee
Großer Strumminsee
Torfheide
4
Pyramiden-eiche
Krummin
Klosterkirche St. Michael
lgaster
Fischstübchen
Neeberg
Buchberg
24,3
5
Erdölfeld
Neuendorf
Krumminer
Wiek
6
Gnitz
109
112

A
B
C
107
1
2
3
4
5
6
FKK-Strand
Waldhof
FKK-Strand
Seebrücke
Hotel Baltic
Zinnowitz
111
Zempin
Großer Strumminsee
Torfheide
Achterwasser
Plattenweg
Meltsee
Buchberg
24,3
Erdölfeld
Neuendorf
Hoher Ort
Twelen
GÖRMITZ
St. Marien
Netzelkow
Vogelschutz-gebiet
Insel Görmitz
Gnitz
113
Haubenhorn

D
E
F
1 km
1
2
3
4
5
6
S T S E E
FKK - Strand
Koserow
Gedenkatelier
yer - Holstein
Lütten Ort
Forsthaus Damerow
Salzhütten
Seebrücke
Streckelsberg
56,0
Kölpinsee
Teufelsinsel
FKK - Strand
Wilhelmshöhe
Heimat-stube
Kölpinsee
Stubbenfelde
43,3
Loddin
111
114
Ückeritz

A
B
C
1
2
3
4
5
6
109
116
112
Krumminer
Wiek
Rieke-
stein
G
Lütc
Peeneblick
Weißer Berg
32,1
Peenestrom
NATURP
Fischerhaus
Alt Bauer
Bauerberg
23
Bauerberg
Bauer
Wehrland
30,5
Buchen-
berg
Waschow
Klein Jasedow
Lassaner
Bucht
LASSAN
Heimatmuseum
Lassaner Mühle
Pulower
See
Papendorf
Papenberg
27,9
Papendorfer
See
Kreideberg
35,7

Neuendorf
D
E
F
Hoher Ort
110
Twelen
GÖRMITZ
1 km
1
St. Marien
Netzelkow
Vogelschutz-
gebiet
Insel Görmitz
Haubenhorn
Achterwasser
2
RK USEDOM
Trockenort
Grüssower Ort
3
Warthe
Teufelsstein
Lieper
Grüssow
Reestow
Winkel
4
Schwenkenberg
5,8
Liepe
Quilitz
Kreuzer Ort
5
Fischzucht
Jungfernberg
18,4
Rankwitzer
Hof
Krienker
See
Rankwitz
Dewichow
Schwarzer Berg
12,3
6
113
117

A
B
C
111
1 km
1
2
3
4
5
6
Stubbenfelde
43,3
Loddin
Loddiner Höwt
22,7
16,1
Ückeritz
Deutsches Haus
NSG Wockninsee
Stagnieß
Neu
Schiff
Herrenwie
Große Beek
Reitbahnweg
Schloßklaus
Pudagla
Teufelsstein
Cosim
Balmer See
Golf- und Landhotel Balmer See
NSG Inseln Böhmke und Werder
Schwedenschanze
Balm
Nepperminer See
Stoben
Neppermin
"Utkiek"
118
114

D
E
F
1
2
3
4
5
6
OSTSEE
FKK-Strand
Badeweg
Altes Grenzgestell
Witten-wiese
Heuberg
28
Pudagla Ausbau
NSG Mümmelkensee
Langer Berg
54
Langenberg
Langenberg
Alte Eiche
Platter Berg
54
Bansin
Seebrücke
Musikpavillon
Tropenhaus
Schloon-see
Schmollen-see
40,7
Schäferberg
Großer Krebssee
Fangel
Sagenstein
Villa Irmgard
111
Bansin Dorf
Sellin
Neu Sallenthin
Neuhof
Viktoriahöhe
54,9
Kleiner Krebssee
Sallenthin
Buchfinks-berg
Steinerner Tisch
Gothen-see
Gothen
Reetzow
Rennbahnweg
Schwalbennest
115
119

A
B
C
1
2
3
4
5
6
112
116
Kreideberg
35,7
Kienmoor
Krähenmoor
Lentschow
Mühlengraben
Buggenhagen
Berliner See
Schloßsee
Großer See
Wangelkow
Scholwer See
Straßensee
Jamitzow
Butterberg
10,4
Jamitzower Hard
Lienholz
Klotzow
Pinnower Forst
Johannisberg
Großes Bruch
Peenestrom
Fährhof
Kettelort
110
Schwemmort
Schadefähre
Usedomer Winkel
GNEVENTHIN
GELLENTHIN
ZECHERIN
Großer Ort
Der Strom
Jahnkenort
KÖLPIN
KARNIN
Anklamer Fähre
Reste der ehemaligen Eisenbahnhubbrücke
Kamp
GÜST
Mausoleum
MÖNCHOW

D
E
113
F
1
Krienke
Morgenitz
Bronzezeitliche Mahlsteintröge
Moderort
Bömkenberg
15,1
Neunzehn Kirchenberg
2
49,9
Sockeleiche
Suckow
Suckower
Moderortrinne
Hoher Feldberg
20,0
Tannen
Neidbullen
Hard
Weißer Berg
27,7
Usedomer
3
Schwarzer See
Rathsort
Stadtforst
4
USEDOM
Schloß-berg
Anklamer Tor
5
Usedomer
See
WELZIN
WILHELMSHOF
Westklüne
OSTKLÜNE
1 km
6
Arftberg
7,5

A
B
C
114
Neppermin
"Utkiek"
2
1
Bronzezeitliche
Mahlsteintröge
Borg-
wald
Mellenthin
Burgschänke
Wasser-
schloß
Katschow
49,9
Suckower
Landgasthaus
Klein
110
Tannen
3
Mellenthiner
Waschensee
Michow-
wiesen
Heide
Prätenow
4
Kiebitzkrug
Gummlin
Stolpe
5
N A T U R P
6
1 km
S t e t t i

D
E
F
115
Reetzow
Gothen-
see
NSG Gothensee und Thurbruch
Rennbahnweg
Seehof
1
Labomitz
Idyll am Wolgastsee
Korswandt
2
Pirol
Ulrichshorst
Thurbruch
Kachliner
See
Krebssee
3
Windkraft-
Schöpfwerk
Dammwiesen
Zirchow
Inselkrug
Gorke
Knüppelgraben
St.-Jakobus-Kirche
110
Kutzow
4
Flughafen Heringsdorf
Neverow
Bossin
5
R K U S E D O M
6
r H a f f

115
Großer
Fangel
Krebssee
Schloonsee
Villa Irmgard
Heringsdorf
Neu Sallenthin
Bansin Dorf
Kleiner Krebssee
Sallenthin
Neuhof
Seebrücke
Muschelmuseum
Sternwarte "Manfred v. Ardenne"
Buchfinksberg
Steinerner Tisch
Präsidentenberg
45,5
Wildpark
Gothen
Gothensee
Rennbahnweg
Parchenwiesen
Brandhorst
Zirowberg
60,0
Seehof
Ahlbecker Forst
NSG Gothensee und Thurbruch
Idyll am Wolgastsee
Korswandt
Wolgastsee
Marklein-eiche
Pirol
Ulrichshorst
Thurbruch
Krebssee
Zerninsee
Knüppelgraben
Zirchow
Inselkrug
St.-Jakobus-Kirche
Kutzow
Garz
Flughafen Heringsdorf
Neverow
1 km
111
110
119
120

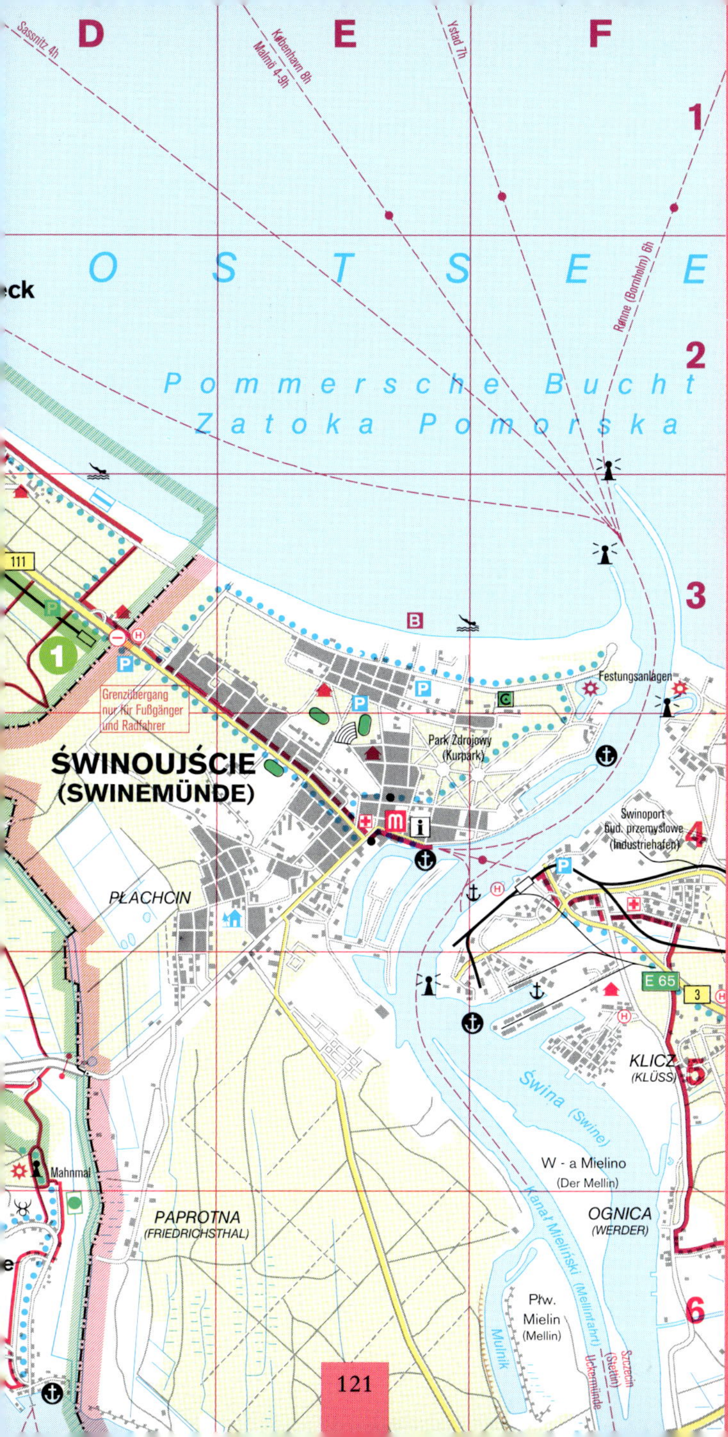

D
E
F
1
2
3
4
5
6
Sassnitz 4h
København 8h
Malmö 4-9h
Ystad 7h
Rønne (Bornholm) 6h
O S T S E E
Pommersche Bucht
Zatoka Pomorska
111
Grenzübergang nur für Fußgänger und Radfahrer
ŚWINOUJŚCIE
(SWINEMÜNDE)
Festungsanlagen
Park Zdrojowy
(Kurpark)
Swinoport
Bud. przemysłowe
(Industriehafen)
PŁACHCIN
E 65
3
KLICZ
(KLÜSS)
Świna (Swine)
W - a Mielino
(Der Mellin)
Kanał Mieliński (Mellinfahrt)
OGNICA
(WERDER)
Mahnmal
PAPROTNA
(FRIEDRICHSTHAL)
Pł.w.
Mielin
(Mellin)
Mulnik
Szczecin
(Stettin)
Ueckermünde

LEGENDE REISEATLAS

Wanderweg, meist markiert
Wanderweg
Rundwanderweg
N Naturlehrweg bzw.-pfad
Fahrradverleih, Fahrradroute
Tankstelle
Parkplätze mit/ ohne Rundwanderweg
5 Bundes-bzw. Kfz-Straße mit Nummer
Wichtige Hauptstraße
Hauptstraße
Nebenstraße
Straßen in Bau
Straßen in Planung
Fahrweg
Karrenweg, Fußweg
Pfad
Straßentunnel,-brücke
Straße für Kfz gesperrt
Straße für Kraftfahrzeuge gegen Gebühr
Vollspurbahn, mehrgleisig mit Bahnhof, mit Haltepunkt
Omnibushaltestelle
Autoverladung per Bahn
Autofähre
Personenfähre
Schiffahrtslinie mit Anlegestelle
Hafen, Ankerplatz
Kanal mit Schleuse
Nationalpark- bzw. Naturschutzgebietsgrenze
Meer, Watt
Hünen-bzw. Hügelgrab
Ringwall
Großsteingrab, Findling

Gasthof bzw. Hotel
Restaurant, Cafe
Jugendherberge
Campingplatz
Hallenbad
Schwimmbad
geheizt
ungeheizt
Freibademöglichkeit
Schöner Ausblick
Bewachter Badestrand
Golfplatz, Minigolf
Tennisplatz, Sportplatz
Flugplatz, Segelflugplatz
Reitstall
Unfallstation
Kirche
im Ort
freistehend
Kapelle
Wegkreuz, Gedenkstein
Denkmal
Schloß, Burg
Schloß,-Burgruine
Kloster, Klosterruine
Leuchtturm
Aussichtsturm
Funk-bzw. Fernsehturm
Quelle, Brunnen
Kraftwerk
Windmühle, Windrad
3,8 Höhenpunkt
Hervorragende Bäume
Forsthaus

1 km

In diesem Register sind die meisten in diesem Führer erwähnten Orte, Sehenswürdigkeiten, Restaurants und Unterkünfte verzeichnet. Halbfette Ziffern verweisen auf den Haupteintrag, kursive auf Fotos.

Orte/Sehenswürdigkeiten

Restaurants

Unterkünfte

Was bekomme ich für mein Geld?

Die meisten Hotels und Pensionen wurden nach der Wiedervereinigung Deutschlands mit hohen Investitionen auf guten Standard gebracht. Die Preise sind entsprechend. Niveauvolle Zimmer in der unteren und mittleren Kategorie sind Mangelware. Hier hilft nur: Ausweichen ins Hinterland oder ein Privatquartier mieten. Sie kosten pro Nacht und Person 25 bis 30 Mark. Oder Sie quartieren sich preiswert im polnischen Świnoujście ein und besuchen von dort aus den deutschen Teil Usedoms. Von Mitte Okt. bis Ende März (mit Ausnahme Weihnachten, Neujahr) bieten zahlreiche gute Hotels das Doppelzimmer mit Frühstück für nur 99 Mark an. Nicht vergessen werden darf bei der Planung des Urlaubsbudgets die Kurtaxe. In der Saison sind es pro Tag zwischen 3,90 Mark (Ahlbeck, Heringsdorf) und 2 Mark (Karlshagen). Strandkorbvermieter nehmen maximal 12 Mark für den Tag. Einen ganzen Tag gilt das Usedom-Ticket. Mit ihm fahren zwei Erwachsene und drei Kinder (bis 11 Jahre) sowie ihr Vierbeiner für 30 Mark beliebig oft mit der Bahn hin und her. Wenn Sie sich 2 Std. im Erlebnisbad Ostseetherme tummeln möchten, haben Sie 12 Mark zu zahlen, Kinder 6 Mark. Die Tageskarte gibt es für 24 Mark, die für Kinder für 12 Mark. Wer bei wolkenverhangenem Himmel trotzdem gebräunt zurückkehren möchte: Ins Solarium dürfen Sie für 5 Mark.

Sonnenlose Tage werden gern in Museen verbracht. Den höchsten Eintrittspreis verlangt das Museum in Peenemünde mit 6 Mark, in die Villa Irmgard in Heringsdorf dürfen Sie für 5 Mark. Die Karte für die Theatershow »Vineta – die versunkene Stadt« in Zinnowitz kostet 29,50 oder 24,50 Mark, für Abendveranstaltungen im Theaterzelt Chapeau Rouge in Heringsdorf sind 20 Mark zu zahlen. Wenn Sie in den letzten Urlaubstagen Kassensturz machen und die Geldbörse noch prall sein sollte: Wie wär's mit einem Fischerteppich, der 2000 Mark pro Quadratmeter kostet? Preiswerter sind die Buddelschiffe, für die je nach Größe und Qualität zwischen 30 und 120 Mark verlangt werden.